Literatur-Verzeichnis.

Altenrath: Berufsberatung und Berufsvermittlung. Flugschrift Nr. 11 der Zentralstelle für Volkswohlfahrt. Berlin 1914, C. Heymann.

Bender, A.: Vorschriften betr. Kinderarbeit auf Grund des Gesetzes vom 30. 3. 03. C. Heymann, Berlin.

Bender, A.: Leitfaden für die Mitwirkung der Arbeiter bei der Unfall- und Krankheitsverhütung. Berlin 1912, A. Seydel.

Bender, A.: Merkblätter für die Unfall- und Krankheitsverhütung. Berlin 1919, Julius Springer.

Bender, A.: Durchführung des Kinderschutzes. Monatsschrift f. Kinderhortwesen 1916, S. 126; Jugendfürsorge 1916, S. 4.

Bender, A.: Unfallverhütung durch Mitwirkung der Arbeiter. Concordia 1914, S. 307.

Bender, A.: Arbeiterschutzkommission und Erziehung zur Unfallverhütung. Zentralblatt für Gewerbe-Hygiene 1918, S. 1.

Bender, A.: Berufsberatung und Gewerbeinspektion. Concordia 1919, S. 203.

Berufswahl und Berufsberatung. Eine Einführung in die Praxis von Dr. Ulrich, Dr. Piorkowsky, O. Nenke, G. Wolf, Dr. Bernhard. Berlin 1919, Trowitzsch & Sohn.

Bierer, Dr. W.: Die hausindustrielle Kinderarbeit im Kreise Sonneberg. Tübingen 1913, J. Mohr (Siebeck).

Dehne: Großstadtjugend. Berlin 1919. Verlag von C. Heymann.

Felisch, Dr.: Ein deutsches Jugendgesetz. Berlin 1917, E. S. Mittler & Sohn (vgl. a. Concordia 1917, S. 264).

Fischer, Dr.: Selbstschutz der gewerblichen Arbeiter. Zentralblatt f. Gewerbehygiene 1914.

Flugschriften zur Berufsberatung. Berlin 1919, L. Simion Nchf.

Jahresberichte des Badischen Gewerbeaufsichtsamtes für die Kriegsjahre 1914—1918. Erstattet an das Arbeitsministerium Karlsruhe i. B. Friedrich Gutsch 1919.

Jahresberichte der Gewerbeaufsichtsbeamten des Staates Braunschweig für die Jahre 1914—1918. Berlin 1919, Reichsdruckerei.

Jahresberichte des Gewerbeaufsichtsamtes (Hamburg) über die Jahre 1914—1918.

Jahresberichte der Hessischen Gewerbeinspektionen 1914—1918. Darmstadt 1919, Staatsverlag.

Jahresbericht der Preußischen Regierungs- und Gewerberäte und Bergbehörden für 1914—1918. Herausgegeben im Ministerium für Handel und Gewerbe. Berlin 1919.

Jahresberichte der Sächsischen Gewerbe-Aufsichtsbeamten für 1914—1918. Sonderausgabe nach den vom Reichsarbeitsministerium veröffentlichten Jahresberichten der Gewerbe-Aufsichtsbeamten 1919. C. Heinrich, Dresden-N.

Jahresberichte d. Gewerbeaufsichtsbeamten in Sachsen-Altenburg während der Jahre 1914—1918.

Jahresberichte d. Gewerbeaufsichtsbeamten des Staates Württemberg für 1914—1918. H. Kurtz, Stuttgart.

Jahresberichte d. Verbandes Märkischer Arbeitsnachweise 1914—1915 ff.

Kühne, Dr.: Notwendigkeit und Aufgaben der Berufsberatung. Berlin 1919, Simion Nchf.

Lipmann, Dr.: Wirtschaftspsychologie und psychologische Berufsberatung. Leipzig 1918. J. H. Barth.

Oske, Dr. E.: Gewerbliche Kinderarbeit. Inauguraldissertation. Königsberg 1916, Hartungsche Buchdruckerei.

Ratgeber für Jugendvereinigungen*) Berlin, Carl Heymann.

Rathenau, Levy: Die deutsche Frau im Beruf. Berlin 1917, S. Moeser.

Siemering, Dr. H.: Fortschritte der deutschen Jugendpflege. Berlin 1916. Fortschritte des Kinderschutzes und Jugendfürsorge, 2. Jahrgang, Heft 1.

*) Im Text abgekürzt „Ratgeber".

Fortschritte des Kinderschutzes und der Jugendfürsorge

Vierteljahrshefte
des Archivs deutscher Berufsvormünder

herausgegeben von

Professor Dr. Chr. J. Klumker-Frankfurt a. M.

Zweiter Jahrgang

Heft 4

Gewerberat Dr. A. Bender

Der Schutz der gewerblich tätigen Kinder und jugendlichen Arbeiter

Springer-Verlag Berlin Heidelberg GmbH
1920

ISBN 978-3-662-32510-0 ISBN 978-3-662-33337-2 (eBook)
DOI 10.1007/978-3-662-33337-2

Inhaltsverzeichnis.

Einleitung.

Der vorliegende Bericht[1]) bezieht sich nur auf den Jugendschutz im Rahmen der gewerblichen Beschäftigung unter Hervorhebung der wichtigsten Tatsachen, die für die Leser dieser Hefte von Interesse erscheinen. Fragen der Erziehung und des Unterrichts konnten nur insofern berührt werden, als sie mit der gewerblichen Betätigung in unmittelbarer Verbindung stehen.

Im Hinblick auf die künftigen schweren Zeiten, in denen wir unsere Arbeitskräfte zur vollen Entwicklung bringen müssen, ist es eine dringende Notwendigkeit, unserer gewerblichen Jugend mehr als bisher eine rege Aufmerksamkeit zu widmen, nicht nur hinsichtlich des Schutzes für Leben und Gesundheit, sondern auch der Erziehung zur pflichtbewußten Persönlichkeit.

Mögen die nachstehenden Ausführungen — insbesondere diejenigen über die Durchführung des Kinderschutzgesetzes, sowie die Mitwirkung bei der Bekämpfung der Betriebsgefahren — Anregungen in diesem Sinne geben, damit die Jugend sich den schwierigen Aufgaben zum Wiederaufbau unserer Volkswirtschaft gewachsen zeige.

Charlottenburg im November 1919. Dr. Bender.

---

[1]) Vgl. Fortschritte des Kinderschutzes Heft II über denselben Gegenstand. Berlin 1914. Da in den Jahren 1914—1918 die maßgebenden amtlichen Jahresberichte nicht erschienen sind, hat sich die diesmalige Berichterstattung bis jetzt verzögert.

A. Gewerbliche Kinderarbeit.

I. Gesetzliche Bestimmungen u. a.

Einen wesentlichen Fortschritt hat der Kinderschutz in Österreich durch das Gesetz vom 19. Dezember 1918[1]) erfahren, das insofern weitergeht als das deutsche Gesetz, als auch die landwirtschaftliche Arbeit berücksichtigt ist und nur geringe Unterschiede für eigene und fremde Kinder bestehen.

Geschützt wird das Alter bis zum vollendeten 14. Lebensjahr. In bestimmten Betriebsarten ist die Kinderarbeit überhaupt verboten. Die Verwendung von Kindern unter dem 12. Lebensjahr ist nicht zugelassen, mit Ausnahme leichter Arbeit in der Land- und Hauswirtschaft, die schon nach vollendetem 10. Lebensjahr zulässig ist. Die Nacht- und Sonntagsarbeit ist verboten; an Schultagen ist die Beschäftigung auf 3, an schulfreien Tagen auf 4, in der Land- und Hauswirtschaft auf 6 Stunden beschränkt, wobei gewisse Pausen vorgesehen sind. Auf unaufschiebbare Arbeiten vorübergehender Natur (z. B. Bergung der gefährdeten Ernte) finden die Vorschriften über die Nacht- und Sonntagsruhe und die Beschränkung der Arbeitszeit keine Anwendung. Hinsichtlich der Verwendung bei öffentlichen Schaustellungen gelten die gleichen Bestimmungen wie in Deutschland. Bei Verwendung fremder Kinder besteht die Anzeigepflicht, auch ist ihre Beschäftigung von der Ausstellung einer Arbeitskarte abhängig, die von der Gemeindebehörde nach Anhörung des gesetzlichen Vertreters und des Schulleiters auszustellen ist, wobei die körperliche und geistige Eignung des Kindes zu berücksichtigen ist. Die Verabreichung von geistigen Getränken und Tabak ist untersagt. Die Aufsicht erfolgt durch die politischen Behörden und besondere Inspektionsorgane, auch können die Landesregierungen besondere Kommissionen zur Überwachung sowie zur Erstattung von Gutachten und Anträgen einsetzen.

Besondere Beachtung verdienen folgende Bestimmungen (§ 17 des Gesetzes): „Die Lehrer an öffentlichen und privaten Schulen, die Ärzte, die Organe der Seelsorge und der öffentlichen und privaten Jugendfürsorge, die „Funktionäre" aller jener Vereine und sonstigen Körperschaften, in deren Wirkungskreis Angelegenheiten der Jugendfürsorge im weitesten

[1]) Soz. Praxis 1919, Nr. 26, Sp. 442.

Sinne des Wortes fallen, sind insbesondere berufen, Wahrnehmungen über die Verletzung von Vorschriften dieses Gesetzes den zuständigen Behörden und Organen mitzuteilen; auf Verlangen der politischen Behörden sind sie verpflichtet, Auskünfte über die Kinderarbeit im allgemeinen und über besondere Fälle der Verwendung von Kindern zu erteilen. Eine derartige Vereinigung staatlicher Aufsicht und privater Fürsorge erscheint sehr aussichtsvoll (siehe S. 6).

II. Mitwirkung der Schule und gemeinnütziger Vereine bei der Durchführung des Kinderschutzgesetzes vom 30. März 1903.

In einer umfassenden Untersuchung über die gegenwärtige Lage der Kinderarbeit, über ihre Bedingungen und Entwickelungstendenzen kommt Dr. Edith Oske[1]) u. a. zu dem Ergebnis, daß für eine wirksame Durchführung des Gesetzes eine Betätigung der Gewerbeinspektion in erster Linie bedeutsam sei. Unzweifelhaft sei eine Mitwirkung der Schule sehr wichtig und die Mitarbeit der Polizei vielfach nicht zu umgehen, doch müssen bei der Gewerbeinspektion alle Fäden der Überwachung zusammenlaufen, da nur diese Behörde über entsprechend ausgebildete Beamte verfüge.

Dr. Oske tritt daher für die Einrichtung von Kinderschutzämtern[2]) innerhalb der einzelnen Inspektionen ein, die auch von anderer Seite empfohlen sind. Im Interesse einer einheitlichen Durchführung des Kinderschutzes werden die staatlichen Beamten Fühlung mit den Organen der kommunalen und privaten Jugendfürsorge nehmen, wie es in Charlottenburg im Anschluß an die Kinderhorte bereits praktisch eingeführt ist[3]).

In engster Verbindung mit der Schule arbeitend, z. T. in den Schulräumen untergebracht, gliedern die Horte sich fast selbstverständlich in den Rahmen der Schule ein. Die Verbindung zwischen Schule und Hort wird durch die Schulpflegerinnen hergestellt, denen es obliegt, die Familienverhältnisse des Kindes zu ermitteln, um festzustellen, ob die Aufnahme in den Hort notwendig ist. Diese Schulpflegerinnen werden an der Durchführung des Kinderschutzgesetzes beteiligt, so daß es möglich ist, jedem einzelnen Fall die Behandlung zuteil werden zu lassen, die nach Lage der besonderen Verhältnisse erforderlich ist: sei es, daß der wirtschaftliche Ausfall der Familie durch die Teilnahme des Kindes an der Schulspeisung wettgemacht wird, oder, daß das aufsichtslose Kind seine Nachmittage im Hort

---

[1]) Inauguraldissertation vgl. Concordia 1916, S. 270 (s. w. u. S. 14).

[2]) Vgl. Fortschritte des Kinderschutzes, Heft 2, S. 41.

[3]) Vgl. Monatsschrift f. d. Kinderhortwesen 1916, Heft 6; Jugendfürsorge 1916, Heft 9; vgl. auch Concordia 1912, S. 467.

verbringen kann, oder die aufklärenden Worte der Schulpflegerin die Abstellung der Kinderarbeit herbeiführen. In diesem System dürfte ein Weg gefunden sein, der eine individuelle Behandlung ermöglicht, wie sie bei der verschiedenartigen Lage der kindlichen Erwerbsarbeit die Vorbedingung für den Erfolg der Kinderschutzbestrebungen ist.

In neuerer Zeit ist das Verfahren dahin vereinfacht worden, daß die Listen der gewerblich beschäftigten Kinder bereits in der Schule vor Einsendung an die Gewerbeinspektion den Schulpflegerinnen übergeben werden. Auf Grund ihrer Erfahrungen und Beobachtungen vermerken sie alsdann auf den Listen, ob die Angaben des Kindes zutreffen und Gesetzwidrigkeiten vorliegen. Diese Kontrolle ist zur Ersparung unnötiger Arbeit zweckmäßig, da vielfach Übertreibungen und Mißverständnisse des Kindes vorliegen. Andererseits heben sie diejenigen Fälle hervor, wo eine gütliche Einwirkung nutzlos ist und nur eine Strafe die Kinder vor Ausbeutung schützen kann. Schließlich wird auch vermerkt, wo eine Verwarnung und weitere Beobachtung am Platze ist.

In jedem Falle werden die Wohlfahrtsakten der Kinder entsprechend ergänzt.

In dieser Weise wird der amtlichen Einwirkung in wesentlichem Maße vorgearbeitet und auf eine sinngemäße Durchführung des Gesetzes hingewirkt; insbesondere aber findet eine Zusammenfassung der Kräfte statt, die zum Schutze der Kinder sich betätigen.

Hoffentlich wird durch den Ausbau des Hortwesens auch an recht vielen anderen Stellen künftig eine wirksame Mitarbeit der kommunalen und privaten Fürsorge bei Durchführung des Kinderschutzgesetzes herbeigeführt, wie sie zur Erziehung eines gesunden und arbeitstüchtigen Nachwuchses jetzt mehr als je dringend erforderlich ist.

III. Über die gewerbliche Beschäftigung der Kinder in den Jahren 1914/18.

Die Durchführung des Kinderschutzgesetzes vom 30. März 1903 in den Kriegsjahren hat nach den amtlichen Berichten in bedauerlicher Weise gelitten.

Aus dem Düsseldorfer Bezirk wird mitgeteilt, daß infolge Überlastung der Behörden mit anderen Aufgaben, die an sich schon sehr mühsame Überwachung der Kinderarbeit wesentlich erschwert wurde; auch gingen die Schullisten, aus denen sonst vielfach Verstöße gegen das Gesetz festgestellt werden konnten, nur unregelmäßig und unvollständig ausgefüllt den Gewerbeinspektoren zu. Wenn daher in vielen Aufsichtsbezirken nur eine verhältnismäßig geringe Zahl von Übertretungen bekannt geworden ist, so muß doch mit Sicherheit angenommen werden, daß ihre Zahl in Wirklichkeit weit größer war, da die Teuerungsverhältnisse in vielen Fällen dazu drängten, durch Ausnutzung der freien Zeit und Arbeitskraft der Kinder eine vergrößerte Einnahme zu verschaffen. Besonders unliebsam trat die Verwendung von Kindern zum Austragen und Feilbieten von Zeitungen und Extrablättern in Erscheinung, zumal in den frühen Morgen- und späten Abendstunden. Weiterhin wurden infolge des Gehilfenmangels viele Schulkinder in Barbierstuben beschäftigt, wo sie häufig Sonntags und gesetzwidrig lange beschäftigt wurden.

In zahlreichen Fällen wurde wegen der beobachteten Verstöße strafrechtlich vorgegangen; jedoch ließ sich eine durchgreifende Besserung der durch den Krieg geschaffenen Mißstände auch auf diesem Wege nicht erzielen.

Im Regierungsbezirk Arnsberg wurde verbotswidrige Kinderarbeit häufig festgestellt. Die Inhaber der kleineren Geschäfte, Kaufläden, Bäckereien usw., für welche die Kinder Botengänge ausführten, waren meist eingezogen und ihre Ersatzkräfte über die zulässigen Arbeitszeiten nicht ausreichend unterrichtet. Mit Rücksicht auf die Kriegsverhältnisse wurden in solchen Fällen meist Verwarnungen ausgesprochen und nur in wenigen Fällen erfolgten Bestrafungen. In einer Laubheutrocknungsanlage wurden Schulkinder beim Säckefüllen angetroffen. Die Kinder waren dem Unternehmer von den Schulen zur Aushilfe überwiesen. Die Beschäftigung unterblieb, als der Betriebsleiter auf die Ungesetzlichkeit hingewiesen wurde. In mehreren Betrieben der Kleineisenindustrie wurden gegen Ende des Jahres 1914 schulpflichtige Kinder eingestellt; ihre Entlassung wurde veranlaßt. Eine Blechwarenfabrik beschäftigte schulpflichtige Kinder im Alter von 11—14 Jahren bis zu zehn Stunden täglich. Sie glaubte sich hierzu berechtigt, weil die Polizeiverwaltung den Kindern Arbeitskarten ausgestellt hatte. Vielfach mußte sich die Beaufsichtigung der Kinderarbeit in gewerblichen Betrieben infolge der Überlastung der Gewerbeaufsichtsbeamten mit sonstigen Arbeiten auf die Verfolgung der ärgeren Verstöße gegen das Kinderschutzgesetz beschränken.

Auch in Berlin hat die Durchführung der Kinderschutzbestimmungen gelitten und sind Kinder vielfach zu ungesetzlichen Beschäftigungen herangezogen worden; z. B. mußte zwei großen Zeitungsdruckereien die Kinderbeschäftigung beim Austragen von Zeitungen zu den Verkaufsstellen untersagt werden. Wiederholt sind Kinder sowohl in der Woche wie Sonntags bis spät abends in Kinos beschäftigt worden. Gegen solche

Handlungen wurde strafrechtlich eingeschritten. Die Zulassung ungesetzlicher Kinderbeschäftigung wurde zwar grundsätzlich abgelehnt, doch besteht kein Zweifel, daß zahlreiche Kinder beim Austragen von Zeitungen und Waren, sowie bei Botengängen widerrechtlich beschäftigt worden sind, weil die Aufsicht vielfach gemangelt hat. In einem Vorort haben sich die Schulpflegerinnen als wesentliche Hilfe bei der Durchführung der gesetzlichen Vorschriften erwiesen (vgl. S. 5).

Wenig erfreulich hat sich die Durchführung des Kinderschutzgesetzes auch im Potsdamer Bezirk gestaltet. Die bisher erzielten Erfolge sind durch die Nachsicht, die wegen der Notlage in vielen Familien geboten war, wieder stark beeinträchtigt worden. Der Berichterstatter betont, daß es Mühe kosten wird, um die Eltern wieder an die Beachtung der gesetzlichen Bestimmungen zu gewöhnen.

Auf die Zahl der beschäftigten Kinder ist der Krieg kaum von Einfluß gewesen; dagegen ist in der Heranziehung zu den einzelnen Beschäftigungsarten eine Verschiebung eingetreten, da das Austragen von Milch, Backware, Fleisch usw. allmählich in Wegfall gekommen ist. Auch in den Gast- und Schankwirtschaften, in denen Kinder vielfach zum Geschirrspülen und Kegelaufsetzen verwendet worden waren, ist mit dem Rückgang in der Geschäftslage eine Abnahme eingetreten; dagegen sind sie in anderen Gewerbezweigen in größerem Umfange mit Botengängen und sonstigen Hilfsdiensten wegen des Fehlens anderer Arbeitskräfte beschäftigt worden, da die Eltern bei der Verteuerung der Lebenshaltung gezwungen waren, die Arbeitskraft ihrer Kinder nutzbar zu machen. Bedauerlicherweise ist es nicht ausgeblieben, daß Kindern Arbeiten übertragen worden sind, für die ihre Körperkräfte nicht ausreichten, z. B. mußte gegen ihre mehrfach beobachtete Verwendung zum Kohlenabtragen eingeschritten werden.

Obwohl die Zahl der Verfehlungen gegen das Kinderschutzgesetz erheblich gewesen ist, konnte nach der Lage der Umstände nur bei Verstößen schwerer Art (Beschäftigung an Sonntagen, nach 8 Uhr abends, über die zulässige Dauer hinaus) eine Bestrafung in die Wege geleitet werden.

Der Oppelner Beamte berichtet, daß von einer strengen Durchführung des Gesetzes während des Krieges im allgemeinen abgesehen werden mußte, da es galt, den ärmeren Schichten der Bevölkerung den durch die Arbeit ihrer Kinder erzielten Verdienst bei der großen Teuerung nicht zu entziehen. Meist waren die Verstöße gegen das Kinderschutzgesetz auch nur geringfügiger Natur.

Auch in Breslau wurde die Durchführung des Kinderschutzgesetzes während des Krieges nachsichtig und schonend gehandhabt. Wegen Einberufung vieler Lehrer und häufigen Lehrerwechsels sind auch die Schullisten unzureichend geführt und mit Unterbrechungen eingereicht worden.

Der Hessische Bericht teilt mit, daß zwar für die Fabrikbetriebe nur in vereinzelten Fällen und unter strengen Vorschriften (Dauer der Arbeitszeit, körperliche Entwicklung, ärztliche Genehmigung u. a.) Ausnahmen zugelassen worden sind, daß aber bei den zahlreichen anderen Betätigungen der Kinder im Erwerbsleben kein allzustrenger Maßstab angelegt sei. Eine Kontrolle, wie sie im Frieden betätigt worden ist, sei unterblieben, um keine unnötige Erbitterung herbeizuführen.

Die günstigen Lohnverhältnisse riefen natürlich bei manchen Eltern den Wunsch hervor, ihre Kinder vorzeitig aus der Schule zu nehmen. Die Beamten sahen sich jedoch veranlaßt, wenn keine besonders dringlichen Umstände (dringender Heeresbedarf, Notlage u. a.) vorlagen, diesem Bestreben entgegenzuwirken.

Die Gerichte gingen in den meisten Fällen nicht mit großer Strenge vor, weil auf den Krieg und die teuere Lebenshaltung Rücksicht genommen wurde. Leider sind sie aber auch in Fällen, in denen zwar öffentliche Interessen in Frage kamen, die Kinder aber in rücksichtsloser Weise (teilweise sogar während der Nacht in Fabriken) beschäftigt wurden, mit so großer Milde gegen die Unternehmer vorgegangen, daß die Durchführung des Kinderschutzgesetzes erschwert wurde. Hierdurch hat auch die Achtung des Volkes und sogar der Schule vor dem Kinderschutzgesetze beständig abgenommen. Einer Dörrgemüsefabrik waren sogar für die schulfreien Nachmittage von der städtischen Schulbehörde selbst — entgegen den gesetzlichen Bestimmungen — 50 Schüler zum Ausladen und Auslesen von Rüben, die durch die Kälte gelitten hatten, zur Verfügung gestellt worden. Einer der Jungen wurde hierbei durch einen umfallenden Kippwagen so schwer an der linken Hand verletzt, daß ihm drei Finger amputiert werden mußten. Die zuständigen Behörden, die erst durch den Unfall von der Beschäftigung erfuhren, haben diese sofort untersagt und den Betriebsinhaber zur Anzeige gebracht.

Auch der sächsische Bericht stellt die bedauerliche Tatsache fest, daß infolge der Verhältnisse des Krieges und der Belastung der Beamten mit anderen Aufgaben die Durchführung des Kinderschutzes erheblich gelitten habe und offensichtliche Übelstände zutage getreten seien. Erwähnt sei die Beschäftigung von 108 Kindern mit dem Zuschneiden von Stoffresten in einer Schürzenfabrik und von 140 Schülern mit Verpackungsarbeiten in einer Gewürzmühle. Entschuldigt wurden die Zuwiderhandlungen durch den Wunsch der Mütter, durch Hinweise in der Schule und durch mangelhafte Auskünfte der Polizeibehörden. Es lag nahe, daß unter solchen Umständen von der Gewerbeaufsicht Nachsicht ebenso geübt wurde, wie dies von dem Vorsitzenden der gewerkschaftlichen Chemnitzer Kinderschutzkommission geschah, die eine Beaufsichtigung der Kinderarbeit zur Vermeidung der Erregung weiter Arbeiterkreise für untunlich hielt. Bemerkenswert hinsichtlich der vom Kriege geförderten Einstellung von Kindern in Betrieben, von denen sie vorher ferngehalten wurden, ist folgendes:

In Fuhrwerksbetrieben wurde eine größere Zahl Knaben beschäftigt; die häusliche Not legte hierbei, wie auch in anderen Fällen, die Erlangung eines Nebenverdienstes dringend nahe. In weitem Umfange wurden auch Kinder bei Botengängen und beim Austragen von Zeitungen und Sonderblättern beschäftigt; sogar Kinder unter 10 Jahren kamen dabei zur Verwendung. Noch bedenklicher war die im Chemnitzer Berichte erwähnte Beschäftigung selbst von acht- und neunjährigen Kindern beim Hausierhandel in frühen Morgen- und späten Abendstunden. Dagegen ist nach den meisten Berichten ein Rückgang in der Ausnützung oder Verwertung von Kindern für Heimarbeit zu verzeichnen, besonders im Textil- und Bekleidungsgewerbe. Der Bautzner Bericht gibt hierzu an, daß solche Heimarbeit neuerdings vielfach von älteren Heimarbeiterinnen ohne Beteiligung der Kinder vorgenommen werde, und der Leipziger Bericht läßt erkennen, daß in der Zigarrenindustrie häusliche Kinderarbeit bei weitem nicht mehr im früheren Umfange beansprucht werde. Dagegen war nach dem Bautzner Bericht Kinderarbeit in der Knopf- und Druckknopf-, sowie in der Blumen-Industrie noch weit verbreitet. Der Chemnitzer Bericht läßt entnehmen, daß zahlreiche Kinder in der Papierblumen-Industrie Verwendung gefunden haben. Neuerdings scheint in manchen Gegenden die landwirtschaftliche Beschäftigung der Kinder stärker geworden zu sein.

Aus den angeführten Berichten geht hervor, daß die Durchführung des Gesetzes vom 30. März 1903 nur in recht unvollkommener Weise stattgefunden hat. Wenn als Begründung der zahlreichen Zuwiderhandlungen häufig wirtschaftliche Verhältnisse angeführt werden, so muß dem entgegengehalten werden, daß es höchst unwirtschaftlich ist, den kindlichen Organismus zunächst durch Überanstrengung zu schwächen oder krank zu machen und dann später zu seiner Heilung Aufwendungen zu machen, die erheblich größer sind als der Wert der früher geleisteten Kinderarbeit.

Die wesentlichen Voraussetzungen für die praktische Durchführung des Kinderschutzes sind, daß mit Hilfe von Horten für angemessene Beschäftigung der Kinder gesorgt wird (vgl. S. 5) und eine zweckmäßige Familienpolitik dahin wirkt[1]), kinderreiche Eltern wirtschaftlich so zu stellen, daß sie nicht gezwungen sind, ihre Kinder in gesundheitsgefährdender Weise mitarbeiten zu lassen.

Die Kinderarbeit vor der Schule ist besonders nachteilig[2]). Erschöpft kommt das Kind zur Schule, kann dem Unterricht nicht folgen, bleibt in der geistigen Entwicklung zurück und wird in seiner späteren Erwerbsfähigkeit stark gefährdet. Bedauerlicherweise hat bisher weder die Polizei noch die Vereinstätigkeit Abhilfe schaffen können. Die Neigung für diese Beschäftigung beruht auf der kläglichen Bezahlung für das Austragen. Zeitungen, die grundsätzlich keine Kinder beschäftigen, müssen daher für das Austragen erheblich mehr ausgeben als solche, die stillschweigend die ungesetzliche Kinderarbeit dulden.

Gegenüber diesem Mißbrauch der Kinder erscheint es an der Zeit, daß die öffentliche Meinung gegen die Ausnutzung der Kinder Verwahrung einlegt und sich die Zeitungsbestellung des Morgens vor der Schule durch Schulkinder nachdrücklich verbittet.

Mit der Fürsorge für die „Päckeljungens", die sich in der Nähe der Bahnhöfe aufhalten, um den Reisenden beim Tragen des Gepäcks behilflich zu sein, beschäftigt sich schon seit längerer Zeit die Fürsorgestelle der deutschen Zentrale für Jugendfürsorge beim Berliner Polizeipräsidium. Das Herumtreiben dieser Kinder und Jugendlichen, zu denen auch vereinzelt Mädchen gehören, hat große Mißstände zur Folge und gibt Anlaß zu Diebstählen und anderen Straftaten. Es sind daher folgende Maßnahmen getroffen, um der Verwahrlosung dieser Jugendlichen vorzubeugen: der zum erstenmal Betroffene wird nach Feststellung und Verwarnung entlassen; der zum zweitenmal Betroffene wird bis zur Abholung durch die Angehörigen oder für einige Stunden auf der Bahnhofs- oder Revierwache festgesetzt; der zum drittenmal Betroffene wird dem Polizeipräsidium zur Unterbringung in einem Heim (Anstalt) oder bei seinen Eltern zugeführt[3]).

Eine wertvolle Untersuchung über die

Hausindustrielle Kinderarbeit im Kreise Sonneberg[4])

hat Dr. Bierer veröffentlicht. In diesem Kreise spielt die Kinderarbeit in ihrer wichtigsten Form (Hausindustrie), eine besondere Rolle (Sonneberger Spielwaren, Lauschaer Christbaumschmuck).

---

[1]) Vgl. Concordia 1918, S. 142.

[2]) Struve, Soz. Praxis 1915, S. 534.

[3]) Ratgeber 1918, S. 46.

[4]) Archiv f. Sozialwissenschaft. Tübingen 1913. Verlag von Mohr; vgl. Concordia 1914, S. 144.

Die Bedeutung der dortigen Kinderarbeit beruht auf der Beschäftigung eigener Kinder; hausgewerblich tätig (Abschneiden und Nähen von Puppenkleidern, Abschneiden, Drücken der Papiermachéwaren, Anreihen und Abschneiden von Perlen, Fertigmachen von Puppen, von Christbaumschmuck, Papieren, von Griffeln usw.) ist etwa der vierte Teil der Schulkinder und zwar im Alter von

$6^1/_2$— $7^1/_2$	Jahren	27%,
$7^1/_2$— $8^1/_2$	„	34%,
$8^1/_2$— $9^1/_2$	„	36%,
$9^1/_2$—$10^1/_2$	„	40%,
$10^1/_2$—$11^1/_2$	„	42%,
$11^1/_2$—$12^1/_2$	„	44%,
$12^1/_2$—$13^1/_2$	„	48%,
$13^1/_2$—$14^1/_2$	„	48% der Schulkinder.

Die Arbeitsdauer betrug bei etwa 30% der Kinder mehr als 18 Stunden wöchentlich.

Hinsichtlich der Lage der Arbeitszeiten ergab sich, daß die meisten Verstöße die Mittagspause und die Pause am Nachmittage betrafen; allerdings ließen sich über die Früh- und Sonntagsarbeit zuverlässige Angaben nur schwierig gewinnen, ebenso über die Nachtarbeit; immerhin gaben mehr als 800 Kinder an, daß sie nach 8 Uhr abends beschäftigt würden; bis 9 Uhr waren mehr als 500 Kinder tätig, bis 10 Uhr mehr als 200 Kinder.

Die Schädigungen hygienischer Art der Kinderarbeit lassen sich natürlich nicht zahlenmäßig nachweisen, da die Wirkungen häufig erst in späteren Jahren zutage treten (Lungentuberkulose), und da es schwierig ist, anzugeben, ob bestimmte Erkrankungen nicht auf Vererbung, Lebensweise und andere Verhältnisse zurückzuführen sind. So viel steht jedoch fest, daß kränkliche Kinder nicht der erhöhten Beanspruchung durch schädliche Hausarbeiten ausgesetzt werden dürfen, wie es mehrfach der Fall ist, und daß eine derartige Tätigkeit ernstliche Schädigungen mit sich bringt.

Daß die übermäßige Inanspruchnahme der Kinder zu Schulversäumnissen, Vernachlässigung der Aufgaben, Teilnahmslosigkeit am Unterrichte führt, bedarf keiner besonderen Hervorhebung.

Gegenüber den festgestellten bedauerlichen Tatsachen ergibt sich die Frage, ob die Tätigkeit der Aufsichtsorgane versagt hat. Es liegt in der Natur der Sache, betont Verf., daß die Beamten der Heimarbeit gegenüber vielfach machtlos sind: Wenn der Beamte ins Zimmer tritt, so legt das Kind schleunigst die Arbeit weg und nimmt ein Heft zur Hand, das schon zum Scheine zurechtgelegt ist; oder er findet die Tür verschlossen, und wenn man ihm öffnet, ist alles Verdächtige aus dem Wege geräumt. Will er aber von der Straße aus ins Zimmer sehen, so findet er das Fenster verhängt. Wenn die Eltern nicht ganz sorglos sind, so muß der Beamte besondere Schleichwege gehen, bis es ihm gelingt, eine Übertretung einwandfrei festzustellen. Hat er aber nur flüchtig das Kind arbeiten gesehen, so muß er darauf gefaßt sein, daß der Vater alles ableugnet oder als bloße Spielerei hinstellt.

Man hatte versucht, neben den staatlichen Beamten auch die Gemeindewaisenräte dem Gesetz in der Weise dienstbar zu machen, daß sie die Fälle einer gesetzwidrigen Ausnutzung der Kinder dem Vormundschaftsrichter zur Anzeige bringen sollten; doch scheiterte dieser Versuch völlig, da es sich vorwiegend um ältere Leute handelte, die für die Bedeutung der neuen Aufgabe nicht das erforderliche Interesse hatten.

Hinsichtlich der Mitwirkung der Lehrer zeigte sich, daß ein nachdrückliches Eingreifen von ihrer Seite das gute Verhältnis zwischen Schüler und Lehrer ernstlich störte. Solange die Angaben der Kinder ohne ernstliche Folgen blieben, konnten die Eltern beruhigt bleiben; sobald sie aber von den Lehrern aufgesucht, ermahnt und verwarnt wurden, trafen sie Vorkehrungen, um solchen Unannehmlichkeiten aus dem Wege zu gehen und sich nicht durch die Aussagen der eigenen Kinder lästiger Überwachung auszusetzen. Daß dadurch eine Erziehung zur Lüge begünstigt wurde, ist von den Lehrern mit Recht tief beklagt worden. In der Tat ist es gerade in erziehlicher Hinsicht äußerst bedenklich, daß viele Kinder in einen derartigen Widerstreit der Pflichten hineingetrieben werden, der die sittliche Bildung ungünstig beeinflussen muß.

Denselben Mißerfolg wie Behörden und Lehrer zeigte auch die Einwirkung der gewerkschaftlichen Kinderschutzkommission.

Es ergibt sich daher die Frage, weshalb ein Gesetz, das vor zehn Jahren als eine sozialpolitische Tat ersten Ranges lebhaft begrüßt wurde, trotz aller Bemühungen der Behörden und der privaten Fürsorge nicht durchführbar ist. Zur Erklärung dieser bedauerlichen Tatsache ist zu berücksichtigen, daß der Hausindustrielle nach Lage der praktischen Verhältnisse in technischer Beziehung völlig selbständig ist und nahezu außerhalb amtlicher Kontrolle steht; ferner daß auf freiwillige Befolgung der Gesetze nur aus Achtung vor der staatlichen Autorität nicht zu rechnen ist, weil es sich um einen erheblichen Eingriff in die Interessen des Hausgewerbetreibenden handelt.

Eine Belehrung, führt Verf. aus, kann nur dann Erfolg haben, wenn sie nachweist, daß die Vorschriften nötig sind, weil sonst das Kind Schaden nimmt. Sind tatsächlich schon Nachteile für das Kind eingetreten, so mag der Vater der

Belehrung zugänglich sein und die Beschäftigung seines Kindes einstellen. In den meisten Fällen kann jedoch eine Schädigung trotz ungesetzlicher Beschäftigung nicht nachgewiesen werden, da sie sich erst später zeigt oder bei kräftigem Körper ausbleibt. In diesen Fällen wird sich der Vater einer noch so liebevollen Aufklärung unzugänglich zeigen in der Überzeugung, daß seinem kräftigen Kinde die Arbeit nur zuträglich sei und auch ihm in seiner Jugend nicht geschadet habe. Ferner ist zu berücksichtigen, daß die tatsächliche Triebkraft zur Kinderarbeit in wirtschaftlichen Verhältnissen liegt: die Eltern wollen das unzulängliche Einkommen erhöhen und sind häufig durch die Lage der Verhältnisse hierzu verpflichtet. Es muß daher im Interesse sinngemäßer Durchführung des Gesetzes gesorgt werden, daß der Hausindustrielle den Ausfall der Kinderarbeit verschmerzen kann, und daß eine Kräftigung der Hausindustrie stattfindet, die durch Selbsthilfe (gewerkschaftliche Organisation) und Staatshilfe anzustreben ist.

Neben diesen Maßnahmen müssen Einrichtungen der öffentlichen Jugendfürsorge einsetzen. Vor allem, betont Verf., wird die Schulspeisung[1]), die Verabreichung eines Milchfrühstücks oder warmer Mittagskost den Kindern zugute kommen müssen, die nach den gesetzlichen Vorschriften nicht mehr zu ihrer Beköstigung beitragen dürfen.

Schließlich sei noch die Frage berührt: Wie wenden die Kinder die freie Zeit an, die ihnen das Gesetz verschafft? Bleibt das Kind im Zimmer, so muß es sich in den meisten Fällen im Wohnarbeitsraum aufhalten und die staubige, dunstige Luft einatmen, vor der es gerade geschützt werden sollte. Geht es aber auf die Straße, so fehlt es auch hier nicht an Gefahren; ist es doch eine der beliebtesten Einwendungen, die die Eltern gegen das Gesetz machen, daß die Kinder dumme Streiche anstellen, wenn sie nicht zur Arbeit angehalten werden. Die Errichtung von Heimen ist daher dringend nötig, in denen die Kinder ihre Schulaufgaben machen, Handfertigkeitsunterricht erhalten und im fröhlichen Spiel ihre Kräfte stärken können.

Im Anschluß hieran sei noch eine Untersuchung von Dr. Edith Oske über die gewerbliche Kinderarbeit erwähnt[2]). Die fleißige und gründliche Schrift stellt sich hauptsächlich die Aufgabe, die gegenwärtige Lage der Kinderarbeit, ihre Bedingungen und Entwicklungstendenzen darzustellen, und zwar vorwiegend, soweit es sich um schulpflichtige Kinder handelt.

Eine Beseitigung dieser Arbeit ist mit Rücksicht auf das Interesse gewisser Hausindustrien und ihrer Arbeiter heute nicht durchführbar. Der hausindustrielle

[1]) Auf die Erfolge hinsichtlich der Schulspeisung und der Schulhorte in Charlottenburg und die Mitwirkung der Schulpflegerinnen bei der Durchführung des Kinderschutzes ist oben hingewiesen (S. 5).

[2]) Dissertation der Königsberger philosophischen Fakultät 1916. Hartungsche Buchdruckerei.

Arbeiter wird erst dann auf sie gänzlich verzichten können, wenn der Gesundungsprozeß der Heimarbeit weitergeführt ist; doch ist auch unter den gegenwärtigen Verhältnissen eine größere Einschränkung der Kinderarbeit möglich und anzustreben, da sie eine Ursache für die niedrigen Löhne und die rückständige Technik in gewissen Hausindustrien ist.

Sehr richtig erwähnt Verf. die Tatsache, daß man dem Kinderschutzgesetze noch recht verständnislos gegenüberstehe, und sucht diese bedauerlichen Verhältnisse dadurch zu erklären, daß die innere Berechtigung der beschränkenden Bestimmungen nicht anerkannt werde. Man sehe nicht ein, weshalb gerade eine gewerbliche Tätigkeit verboten, während eine anstrengende landwirtschaftliche Arbeit erlaubt sei; man nehme Anstoß daran, daß für die eigenen Kinder nur geringe Beschränkungen bestehen, obwohl diese häufig am dringendsten Schutz bedürfen; man verstehe die Sonderstellung der Kinder, die für Dritte arbeiten, nicht u. a.

Die Erklärung für die fehlende Einheitlichkeit des Gesetzes nach Form und Inhalt gibt Verf., indem sie auf die Motive des Gesetzes Bezug nimmt, wonach beabsichtigt war, zunächst gegen besonders schädliche Kinderarbeit vorzugehen: Maßgebend sei die Ansicht gewesen, daß nur Auswüchse der Kinderarbeit zu bekämpfen seien, d. h. da einzuschreiten, wo die Kinder in zu jugendlichem Alter zur Arbeit herangezogen werden, wo die Arbeitsart für Kinder nicht paßt, wo sie die Gesundheit durch zu lange Dauer, ungehörige Arbeitszeit (Nachtarbeit) schädigt, wo sie in ungeeigneten Räumen stattfindet. Sonst sei die Behörde der Ansicht gewesen, daß eine mäßige Beschäftigung die Kinder körperlich und geistig zu fördern geeignet sei, Fleiß und Sparsamkeit erwecke, besonders auch vor Müßiggang bewahre.

Gleichzeitig wurde aber auch in Betracht gezogen, daß die materielle Lage der Eltern vielfach die Heranziehung der Kinder zur Lohnarbeit notwendig mache, daß insonderheit der Verdienst einen nicht unbedeutenden Zuschuß zu den Kosten des Haushalts darstelle.

Verf. nimmt zu diesen Motiven Stellung, in dem sie den erzieherischen Wert der Kinderarbeit in den meisten Formen, wie sie in der Praxis vorkommen, ernstlich in Zweifel zieht. Was die wirtschaftliche Bedeutung dieser Beschäftigung betrifft, so müssen die Kinder in der Hausindustrie als gefährliche Lohndrücker betrachtet werden: als eine unabsehbare industrielle Reservearmee, für die die Faktoren, die sonst die untere Grenze des Lohnes bestimmen (Existenzminimum, Berufsorganisation u. a.), unwirksam sind.

Sehr richtig wird betont, daß es infolge der ungeheuren Opfer durch den Krieg nötig sei, die vorhandenen Menschen arbeitstüchtig zu erhalten und einen gesunden Nachwuchs heranzuziehen. Da jedoch durch die Fürsorge für die Kriegsbeschädigten und die Hinterbliebenen der gefallenen Krieger erhebliche Mittel verbraucht werden, sei es nötig, mit dem geringsten Aufwand die gewünschten Ziele zu erreichen.

Hierzu bedürfe es in besonderem Maße der Beihilfe der Gewerbeinspektion. Von großer Wichtigkeit sei auch eine innigere Fühlung der verschiedenen bundesstaatlichen Inspektionen miteinander, damit die Erfahrungen des einen Staates auch in den anderen Landesteilen verwertet werden können.

Weiterhin sei eine Mitwirkung der Schule und der privaten Fürsorge[1]) erforderlich. Hier wird besonders des Charlottenburger Hortwesens gedacht, über das bereits oben (S. 5) berichtet ist, und das eine individuelle Behandlung ermöglicht.

---

[1]) Vgl. hierüber u. a. „Der vorbeugende Kinderschutz in Stadt und Land". Bericht über die Tagung des D. Kinderschutzverbandes im Juni 1918 in Magdeburg. Verlag von Carl Heymann. Berlin 1918.

B. Gewerblich tätige jugendliche Arbeiter.

I. Gesetzliche Bestimmungen, Verordnungen u. a.

Die gesetzlichen Bestimmungen zum Schutze der Jugend waren durch die Verhältnisse des Krieges und später der Revolution in maßgebender Weise beeinflußt:

Unmittelbar nach Beginn des Weltkrieges wurde der Reichskanzler durch das Gesetz vom 4. August 1914 ermächtigt, allgemein oder für bestimmte Anlagen Ausnahmen von den Arbeiterschutz-Bestimmungen zu gewähren; darüber hinaus sollten auch die höheren Verwaltungsbehörden befugt sein, im Einzelfall Ausnahmen zuzulassen.

In der Begründung wurde ausgeführt, daß der Kriegszustand, der die gesamte männliche wehrpflichtige Bevölkerung Deutschlands zur Verteidigung des Vaterlandes erforderte, tief einschneidende Veränderungen in der gewerblichen Erzeugung mit sich bringe. Während für manche Industriezweige, namentlich solche, die für den Heeresbedarf und die Nahrungsmittelindustrie arbeiten, mindestens vorübergehend eine außergewöhnliche Häufung der Arbeit eintrete, sei für andere Industriezweige Vorsorge zu treffen, daß sie nicht infolge Rohstoffmangels und anderer Gründe zum Stillstand kämen. Die Bewilligung von Ausnahmen sei daher nötig; sie müßte jedoch auf besondere Notfälle beschränkt werden, z. B. wenn es aus Mangel an Räumen oder an Maschinen unmöglich wäre, dem vermehrten Arbeitsbedürfnis durch Einstellung von neuen Arbeitskräften Rechnung zu tragen, oder wenn es sich um dringende Ausführung von Arbeiten handele, für die geschulte Arbeitskräfte nicht zu haben wären. Endlich wurde noch gefordert, daß Ausnahmen hinsichtlich der Beschäftigung von Kindern (§ 135 G.-O.) nur in den dringendsten Notfällen gewährt und Überarbeit der Kinder vermieden werden solle.

Dem entsprechend suchte die Regierung die verstärkte Beschäftigung der Jugendlichen während des Krieges nach Möglichkeit einzuschränken; beispielsweise wurde im Jahre 1915 gegenüber Bemühungen, die Jugendlichen in erhöhtem Maße im Bergbau zu beschäftigen, darauf hingewiesen, daß zahlreiche Männer erwerbslos wären[1]). Die Frauen und Kinder der Kriegsteilnehmer würden von Gesetzes wegen unterstützt, so daß man nicht diese Arbeitskräfte einspannen solle, solange man noch auf beschäftigungslose Männer, sogar gelernte Bergarbeiter, zurückgreifen könne.

Mit der zunehmenden Einziehung der wehrfähigen Arbeiter und dem wachsenden Bedarf an Heeresmaterial trat die zwingende Notwendigkeit zutage, jugendliche Hilfskräfte in den Fabriken in erhöhtem Maße zu beschäftigen.

Hierbei zeigten sich große Unzuträglichkeiten, die eingehend in der Presse und im Reichstage erörtert wurden[2]).

Diese Klagen wurden von der Regierung als nicht unbegründet anerkannt[3]). Es seien in manchen Bezirken in so weitgehendem Maße Ausnahmen von den bestehenden Schutzbestimmungen zugelassen worden, daß es beinahe deren Aufhebung gleichkäme. In erster Stelle handle es sich um Beschäftigung während der Nacht oder über die gesetzliche Arbeitszeit, daneben kämen auch die Regelung der Pausen, die Beschäftigung an Sonn- und Festtagen usw. in Frage. Nicht nur die große Zahl der bewilligten Ausnahmen, sondern auch die lange Arbeitszeit müsse Bedenken erregen, da hierdurch die Gesundheit der jugendlichen Arbeiter Schaden erleide und ihre Leistungsfähigkeit bedenklich zurückgehe.

Die Ausnahmen dürften daher nur in dem Maße zugelassen werden, als es für das öffentliche Wohl unbedingt notwendig sei. In dieser Beziehung bestanden Schwierigkeiten, da es sich hauptsächlich um Heeresbedarf handelte, dessen Lieferung von den vergebenden Stellen in der Regel als eilig bezeichnet wurde. In solchen Fällen bliebe daher den zuständigen Behörden nur übrig, die Nachtarbeit und Überarbeit in dem beantragten Umfange zu genehmigen.

Um hier Abhilfe zu schaffen, wurden die Kriegsamtstellen angewiesen, dahin zu wirken, daß die Überarbeit und Nachtarbeit von jugendlichen Arbeitern möglichst eingeschränkt würde.

Diese Bestimmungen haben Anlaß gegeben, daß den Forderungen des Arbeiterschutzes mehr als bisher Rechnung getragen wurde (vgl. den folgenden Abschnitt).

Die Ereignisse der Revolution haben Anlaß zur Einführung der Achtstundenarbeit gegeben. Die Verordnungen vom 23. November 1918 und vom 17. Dezember 1918 beziehen sich auf die Arbeiter in allen ge-

---

[1]) Vgl. Soziale Praxis 1915, S. 41.
[2]) Vgl. Soziale Praxis 1916, S. 810.
[3]) Ministerialblatt f. Handel u. Gewerbe 1917, S. 269.

werblichen Betrieben einschließlich des Bergbaus, sowie auf die Betriebe des Reichs und der Gemeinden, auch wenn sie nicht zur Gewinnerzielung betrieben werden, sowie auf landwirtschaftliche Nebenbetriebe gewerblicher Art.

Die regelmäßige tägliche Arbeitszeit ausschließlich der Pausen darf die Dauer von 8 Stunden nicht überschreiten. Wenn durch Vereinbarung eine Verkürzung der Arbeitszeit an Vorabenden der Sonn- und Festtage herbeigeführt wird, kann der Ausfall der Arbeitsstunden an diesen Tagen auf die übrigen Werktage verteilt werden.

Jugendlichen Arbeitern, die höchstens vier Stunden täglich beschäftigt werden, braucht keine Pause gewährt zu werden. Bei einer täglichen Beschäftigungszeit von mehr als vier, aber nicht mehr als sechs Stunden ist eine viertelstündige Pause, bei einer täglichen Beschäftigungszeit von mehr als sechs, aber nicht mehr als acht Stunden sind eine halbstündige oder zwei viertelstündige Pausen zu gewähren.

Zu erwähnen ist ferner die neue Regelung der Arbeitszeit in den Bäckereien und Konditoreien (Pol. Verordnung vom 23. November 1918), nach welcher die regelmäßige Arbeitszeit der Gehilfen und Lehrlinge 8 Stunden nicht überschreiten darf.

Den Arbeiterinnen und jugendlichen Arbeitern (Lehrlingen) müssen an jedem Arbeitstag, an dem sie länger als 4 Stunden beschäftigt werden, Pausen von einer Gesamtdauer von mindestens einer halben Stunde gewährt werden. Werden sie länger als 6 Stunden beschäftigt, so muß die Gesamtdauer der Pausen mindestens eine Stunde und eine der Pausen mindestens eine halbe Stunde betragen. Unterbrechungen der Arbeit von weniger als einer Viertelstunde kommen auf die Pausen nicht in Anrechnung. In der Zeit von 10 Uhr abends bis 6 Uhr morgens muß der Betrieb vollständig ruhen.

An Sonn- und Festtagen darf nicht gearbeitet werden; jedoch dürfen nach 6 Uhr abends — an zwei unmittelbar aufeinanderfolgenden Sonn- oder Festtagen nur am zweiten Tage nach 6 Uhr abends — während einer Stunde Arbeiten vorgenommen werden, die zur Wiederaufnahme des regelmäßigen Betriebes am folgenden Werktag notwendig sind [1]).

Von weiteren gesetzlichen Vorschriften ist noch die Tarifverordnung vom 23. Dezember 1918 zu erwähnen, die erfreulicherweise eine Mitwirkung der Arbeiter bei der Unfall- und Krankheitsverhütung vorsieht, über die weiter unten (S. 32) berichtet wird.

[1]) Über die Wirkung dieser Verordnung vgl. S. 32.

Auf die Ausführungen über ein deutsches Jugendgesetz von Geheimrat Dr. Felisch[1]) wird in einem anderen Hefte dieser Sammlung eingegangen. Er fordert ein Gesetzbuch, das das gesamte öffentliche und bürgerliche Recht der Jugend enthalten soll (vgl. a. Concordia 1917, S. 264).

II. Die gewerbliche Beschäftigung der Jugendlichen in den Jahren 1914/18.

Die Jahresberichte der Gewerbeaufsichtsbeamten bringen über die Betätigung der Jugendlichen in den gewerblichen Betrieben eine Fülle bemerkenswerter Beobachtungen, von denen einige hervorgehoben werden mögen, die hier von besonderem Interesse sind. Das große Zahlenmaterial, das den Berichten beigefügt ist, kann infolge Raummangels auch nicht auszugsweise berücksichtigt werden[2]).

In den wichtigen Industriebezirken Preußens nahm die Beschäftigung der jugendlichen Arbeiter in erheblichem Maße zu. Aus dem Düsseldorfer Bezirke wird berichtet, daß zwar die Zahl der Betriebe, die jugendliche Arbeiter beschäftigten, erheblich zurückgegangen sei, daß aber wesentlich mehr Jugendliche und Kinder wie vor dem Kriege tätig waren. An dem Rückgange der Betriebe sind in der Hauptsache die Textilindustrie, das Bekleidungsgewerbe und die Industrie der Nahrungs- und Genußmittel beteiligt, während der Zuwachs an jungen Leuten und Kindern vornehmlich auf die Betriebe der Munitionsverarbeitung entfällt. Die bedauerliche Zu-

[1]) Berlin 1917. Ernst Siegfried Mittler & Sohn; vgl. auch „Neuordnung der Menschenliebe" in demselben Verlag. Berlin 1918.

[2]) Es sei nur erwähnt, daß die Genehmigungen von Ausnahmen hinsichtlich des Arbeiterschutzes sich innerhalb sehr weiter Grenzen in den einzelnen Bezirken und noch mehr innerhalb der Industriegruppen und der Kriegsjahre bewegten; am zahlreichsten waren sie im Jahre 1917.

Die Zahl der Nachtarbeit leistenden jungen Leute betrug in Preußen im Jahre 1917 beispielsweise bei zweischichtigem Betriebe

im Bergbau, Hütten- und Salinenwesen, Torfgräberei	etwa	69%	der beschäft. j. Leute
in der Industrie der Steine und Erden	„	2%	„ „ „ „
in der Metallverarbeitung	„	6%	„ „ „ „
in der Industrie der Maschinen, Instrumente und Apparate	„	7%	„ „ „ „
in der Chemischen Industrie	„	9%	„ „ „ „
in der Textilindustrie	„	3%	„ „ „ „
in der Papierindustrie	„	4%	„ „ „ „
in der Industrie der Holz- u. Schnitzstoffe	„	1%	„ „ „ „
in der Industrie der Nahrungs- und Genußmittel	„	4%	„ „ „ „

(Vgl. die Berichte der G.-A.-Beamten; ferner Minist.-Bl. f. Handel u. G. 1918, Heft 5/9.)

nahme schulentlassener Kinder in den Fabriken bis auf das Dreifache gegenüber dem Friedensstande ist hauptsächlich auf die Notlage, in die zahlreiche Familien versetzt waren, zurückzuführen.

Bei dem von Jahr zu Jahr steigenden Mangel an Arbeitskräften haben die Jugendlichen in erheblichem Umfang Arbeiten der Erwachsenen übernehmen müssen; besonders umfangreich war ihre Beschäftigung als Hilfsdreher und bei ähnlichen, in Friedenszeiten für jugendliche Personen nicht üblichen Maschinenarbeiten. Leider mußten sie auch Lücken ausfüllen, für die sie nach Erfahrung und Körperkräften nicht geeignet waren, so z. B. bei der Bedienung von Kranen und Rangierlokomotiven, bei der Verladung von Granaten und bei anderen anstrengenden Transportarbeiten.

Der Umfang der Überarbeit war nicht erheblich; derjenige der Nachtarbeit war größer. Zu der Beschäftigung in Tag- und Abendschichten sind auch vereinzelt jugendliche Arbeiterinnen zugelassen worden, während sie von der Teilnahme an Tag- und Nachtschichten (auch bei dreischichtiger Arbeitsregelung) grundsätzlich ausgeschlossen wurden. Den Hauptanteil an der Nachtarbeit wies die Metall- und Maschinenindustrie auf, sowie die Großeisenindustrie.

Die jugendlichen Arbeiter erzielten dadurch, daß sie in der Kriegsindustrie an die Stellen Erwachsener traten, ungewohnt hohe Verdienste, so daß der Andrang zu diesen Arbeiten groß war. An das Eingehen eines Lehrverhältnisses, bei dem der Lohn auf alle Fälle recht gering blieb, wurde unter solchen Verhältnissen kaum noch gedacht; dazu kam, daß ein großer Teil der Unternehmer sich mit der Lehrlingsausbildung nicht mehr befassen konnte. Die jugendlichen Arbeiter erlernten somit zumeist nur Handfertigkeit in bestimmten, einseitigen Arbeiten. Erst im weiteren Verlaufe des Krieges dachten einsichtige Unternehmer wieder daran, für einen leistungsfähigen Nachwuchs von Facharbeitern Sorge zu tragen. Ebenso wie die technische hat auch die geistige Weiterbildung der jungen Leute unter den Kriegsverhältnissen schwer gelitten, da der Fortbildungsschulunterricht nur in beschränktem Umfange aufrechterhalten werden konnte und von den dazu Verpflichteten viele beurlaubt wurden.

Das Verhalten der jungen Leute und Minderjährigen innerhalb und außerhalb der Betriebsstätten hat vielfach zu lebhaften Ausstellungen Anlaß gegeben; besonders wurde über Zuchtlosigkeit und anmaßendes Auftreten geklagt, sowie über regen Wirtschaftsbesuch. Diese Erscheinung kann nicht befremden, da vielen Jugendlichen die väterliche Zucht mangelte und die Mütter infolge der Sorge für den Haushalt sich den Kindern nur wenig widmen konnten. Auch die Arbeit in den Fabriken in der Umgebung erwachsener Personen beiderlei Geschlechts, die häufig wenig Rücksicht auf die Jugendlichen nahmen, übte oft einen keineswegs günstigen Einfluß aus.

Im Arnsberger Bezirk hat die Zahl der Jugendlichen ebenfalls erheblich zugenommen, während die Zahl der Betriebe, in denen sie tätig waren, abgenommen hat.

Bevorzugt vor den Arbeiterinnen wurden die Burschen besonders in Feuerbetrieben z. B. als Hilfsarbeiter und Aushilfsschmelzer in Hochöfenwerken, Hobler und Strecker in Walzwerken, Hammerführer in Gesenkschmieden und Wärmer in Schrauben- und Sensenfabriken, ferner im Eisenbahnbetriebe (Hilfsheizer und Hilfsweichensteller), sowie bei Präzisionsarbeiten in Maschinenfabriken; besonders wertvoll waren hier die Lehrlinge, die bereits einen Teil der Lehre durchgemacht hatten und Facharbeiter ersetzen konnten. Neue Arbeitsgelegenheit für junge Mädchen fand sich bei leichten Feil-, Niet- und Pressenarbeiten, dem Anfertigen kleiner Gußkerne und leichten Vorarbeiten im Maschinenbau. Die erhebliche Nachtarbeit war nötig, weil die Maschinen gründlich ausgenutzt und junge Leute als Hilfsarbeiter auch in Gruppen Erwachsener eingestellt werden mußten, die in Tag- und Nachtschichten arbeiteten.

Anträge auf Bewilligung von Über- und Nachtarbeit für Jugendliche wurden stets eingehend geprüft, besonders wenn es sich um junge Mädchen handelte; zahlreiche derartige Anträge wurden nach Benehmen mit den Kriegsamtsstellen abgelehnt oder von den Antragstellern als aussichtslos zurückgezogen. Die erteilten Ausnahmegenehmigungen erstreckten sich deshalb vorwiegend auf junge Burschen.

Sonntagsarbeit wurde nur in besonderen Fällen für junge Leute genehmigt, wenn sie zur Bewältigung eiliger Heeresaufträge oder zu Ausbesserungsarbeiten in Rüstungsbetrieben unbedingt nötig waren. Überstunden im Anschluß an die Sonntagsarbeit wurden nicht gestattet, vielmehr wurde eine Kürzung unter die zehnstündige Arbeitszeit häufig durchgesetzt; mindestens an jedem zweiten Sonntage waren die Jugendlichen arbeitsfrei.

Zu sonst unerlaubter Arbeit mußten Jugendliche mehrfach herangezogen werden.

Über das Verhalten der Jugendlichen während des Krieges im Betriebe, auf der Straße und in der Familie wurde allgemein geklagt. Wenn der Vater im Felde stand und die Mutter in der Fabrik arbeitete, konnte sich der erzieherische Einfluß des Hauses nicht geltend machen. Das Gefühl der Unentbehrlichkeit für die Rüstungsindustrie, die bisher ungewohnte Höhe der Löhne und eine verhältnismäßig große Freiheit veranlaßten besonders die jungen Burschen zu anmaßendem Auftreten. Ihr Verhalten auf der Straße während der Pausen der Nachtschichten führte sogar zur Eingabe eines Gemeindevorstandes, der eine Abstellung anstrebte. Da diese zur rechtzeitigen Herstellung von Heeresbedarf nicht verboten werden konnte, wurden die Mißstände durch Einwirkung auf die Werksleitung und geeignete Aufsicht beseitigt.

Zur Aufrechterhaltung der guten Sitten wurden allgemein für junge Mädchen und junge Burschen getrennte Aufenthalts-, Umkleide- und Waschräume vorgeschrieben. In einem Falle war es sogar notwendig, den Aufenthaltsraum der jungen Mädchen von dem der erwachsenen Arbeiterinnen zu trennen, weil ernste Klagen über unanständige Reden der älteren Arbeiterinnen laut geworden waren.

Die Jugendlichen ließen sich aus Leichtsinn oft zu übermäßigen Geldausgaben für Vergnügungen zweifelhafter Art und überflüssigen Anschaffungen verleiten. Es wurde schließlich allgemein über eine Verwahrlosung der Jugend geklagt, zu deren Bekämpfung das Stellvertretende Generalkommando Verordnungen erließ, um den Verkehr der Jugendlichen auf der Straße und in den öffentlichen Vergnügungsstätten einzuschränken.

Über besondere Gesundheitsschädigungen der Jugendlichen durch die gewerbliche Arbeit während des Krieges ist dem Beamten, abgesehen von der Sprengstoffindustrie, bisher nichts bekannt geworden; doch hält er es nicht für ausgeschlossen, daß der gesundheitswidrige Lebenswandel zahlreicher junger Leute nachteilige Folgen haben wird.

Die Ausbildung der Lehrlinge war während des Krieges sehr verschieden. Sofern man die früheren Arbeiten vornahm, z. B. Hämmer, Pressen oder Drehbänke herstellte, wurden die Lehrlinge infolge des Fehlens der älteren Arbeiter zu den schwierigsten Aufgaben mit herangezogen und lernten infolgedessen mehr und schneller als in Friedenszeiten. In anderen Betrieben jedoch, wo man Massenwaren anfertigte, z. B. Granaten abdrehte, verrichteten die Lehrlinge bei der weitgehenden Arbeitsteilung vielfach stets dieselbe einfache Teilarbeit und lernten dabei wenig.

Mancher Betrieb, der durch regelmäßige Ausbildung junger Leute sich selbst den notwendigen Stamm von Facharbeitern zu erziehen pflegte, hatte hiervon erheblichen Vorteil, da bei Einberufung der wehrpflichtigen Mannschaften die Lehrlinge die einzige Stütze bildeten.

Der Fortbildungsschulunterricht mußte unter der Einziehung der Lehrkräfte zum Heeresdienste notgedrungen leiden und sich auch den veränderten Verhältnissen der Industrie und des Handwerks anpassen. Nach anfänglichem Schwanken, ob sich der Unterricht aufrechterhalten lassen würde, beschloß man, für gewöhnlich nur Schüler des zweiten und dritten Schuljahres auf begründeten Antrag zu beurlauben.

Auch in der Hauptstadt des Reiches mit den Vororten ist die Zahl der Jugendlichen erheblich größer geworden wie vor dem Kriege. Diese Zunahme ist nicht nur dem natürlichen Zuwachs der Bevölkerung Groß-Berlins zuzuschreiben, sondern auch dem Zuströmen Auswärtiger, die durch die hohen Löhne der Kriegswirtschaft zur Großstadt gelockt worden sind. Viele weibliche Jugendliche, die sich in Friedenszeiten häuslichen Diensten gewidmet hätten, wendeten sich infolge der besseren Verdienste der gewerblichen Arbeit zu. Auch viele Eltern sind durch die günstigen Löhne verlockt worden, ihre Kinder nicht in die Lehre zu geben, sondern als Ungelernte gut verdienen zu lassen. Über den Mangel an Lehrlingen wurde daher in fast allen Gewerbezweigen geklagt, besonders im Bekleidungsgewerbe. Bei der häufigen Umstellung der Betriebe auf die Kriegswirtschaft mußten die Lehrlinge infolge des Mangels an Arbeitskräften mit den erwachsenen Arbeitern Hand in Hand arbeiten und erkannten bald, daß ihre Ausbildung unter dieser Tätigkeit zurückbleiben würde. Da im Lehrvertrag in der Regel kaum mehr als ein Taschengeld als Vergütung für ihre Leistungen vorgesehen war, zeigte sich, besonders in größeren Betrieben, vielfach das Bestreben, die Lehrverträge zu lösen. Wenn auch derartigen Versuchen von verständigen Unternehmern häufig durch Erhöhung der Lehrlingsbezüge begegnet wurde, so kam es doch nicht selten vor, daß Lehrlinge entliefen und polizeilich zurückgeführt werden mußten.

Ausnahmen von den Schutzbestimmungen für die Jugendlichen sind nur vereinzelt zur Verlängerung der Arbeitszeit gewährt worden. Die im Anfange des Krieges hin und wieder erteilten Bewilligungen zur Über- und Nachtarbeit wurden später zurückgenommen und neue nicht mehr gewährt, vielmehr wurde in allen Ausnahmebewilligungen für Arbeiterinnen zur Bedingung gemacht, daß Jugendliche nicht zur Abend- oder Nachtschicht herangezogen werden dürfen; sie hatten daher nur eine achtstündige Tagesarbeit einschließlich einer viertel- bis halbstündigen Pause zu leisten. In anderen Betrieben ist die tägliche Arbeitszeit nur selten über neun Stunden hinausgegangen. Auch zu Sonntagsarbeiten sind Jugendliche nicht zugelassen worden. Wenn trotz dieser Schonung der Jugendlichen unverkennbare Anzeichen herabgesetzter Gesundheit und nicht normaler Entwicklung beobachtet worden sind, so müssen ihre Ursachen in der ungenügenden Ernährung, nicht angemessener Lebensführung und sonstigen Beeinträchtigungen gesucht werden, die außerhalb der gewerblichen Tätigkeit liegen.

Über das Benehmen der Jugendlichen, namentlich der männlichen, lauten die Urteile der Unternehmer, Betriebsleiter und Werkmeister im allgemeinen recht ungünstig. Besonders die Arbeitsburschen waren zu ernsten Arbeiten nicht geneigt, wechselten oft ihre Beschäftigung und zeigten häufig ein ungebührliches Betragen, das von dem Bewußtsein ihrer Unentbehrlichkeit eingegeben war und sie zu immer höheren Lohnforderungen drängte. Die zunehmende Vergnügungssucht der jungen Leute gab Anlaß zu einem Sparzwangerlaß, dessen Wirkung vom Berichterstatter günstig beurteilt wird: er wurde zu einem gewissen Schutz der Jugendlichen gegen die eigene Haltlosigkeit, da die Mittel zu verschwenderischem Lebenswandel zum Teil entzogen und an Stelle der oft fehlenden elterlichen Gewalt die der Aufsichtsbehörde gesetzt wurde. Er hat ferner vielen die Lust zum Sparen erweckt und die Mittel gewährt, bedürftigen Angehörigen zu helfen, oder die Grundlage zum eigenen Hausstand zu schaffen.

Der andauernde Mangel an Arbeitskräften veranlaßte zahlreiche Anträge auf Befreiung der Lehrlinge vom Besuche der Fortbildungsschule, die besonders für ältere Lehrlinge befürwortet wurden, so daß der Unterricht im ganzen aufrechterhalten bleiben konnte. Trotzdem hatte die Fortbildung und die Fachbildung der Jugendlichen unter den Einflüssen des Krieges empfindlich zu leiden, da in zahlreichen größeren Betrieben die erforderlichen Lehrkräfte zur Erziehung des Nachwuchses fehlten und viele Handwerksbetriebe, die bisher dieser Aufgabe gedient hatten, zur Übernahme eintöniger Fabrikarbeiten gezwungen waren.

Im Potsdamer Bezirk war die Zahl der Jugendlichen von 1913 bis 1917 um 54% gestiegen. Sie hat dann bis zum Jahre 1918 wieder abgenommen, so daß die Gesamtzunahme bis 1918 47% betrug; an dieser Zunahme ist das weibliche Geschlecht besonders beteiligt.

Die Jugendlichen haben vielseitige Verwendung bei der Bedienung einfacher Maschinen, Verpackungs-, Revisions-, Transportarbeiten usw. gefunden. Ihre Leistungen und Zuverlässigkeit ließen häufig zu wünschen übrig. Eine Ausnahme bildeten die Lehrlinge in Industrie und Handwerk, denen vielfach wegen des Mangels an Facharbeitern Arbeiten übertragen werden mußten, die sonst nur von ausgelernten Gehilfen verlangt wurden (Schlosser-, Mechaniker-, Dreher-, Formerlehrlinge). Häufig war nur mit ihrer Hilfe die Aufrechterhaltung der Betriebe möglich.

Die Jugendlichen mußten unter dem Zwange der Verhältnisse zur Über- und Nachtarbeit herangezogen werden. Im Hinblick auf die Gesundheitsgefahren durch die Verlängerung der Arbeitszeit und die Entziehung der Nachtruhe ist bei der Genehmigung von Ausnahmen mit besonderer Vorsicht vorgegangen worden. Grundsätzlich ist Über- und Nachtarbeit nur für mindestens fünfzehnjährige Burschen zugelassen, und zwar nicht über eine Dauer von zehn Stunden abzüglich der Pausen.

In einigen seltenen Fällen wurde gestattet, daß schulentlassene, noch nicht vierzehnjährige Burschen ebenso wie die Jugendlichen beschäftigt wurden (acht bis neun Stunden mit Pausen von zwei Stunden).

Sonntagsarbeit mußte in ganz seltenen Fällen, besonders in den beiden ersten Kriegsjahren zugelassen werden, und zwar nicht über sieben Stunden bei einer halben Stunde Pause. Zu sonst unerlaubter Beschäftigung sind jugendliche Arbeiterinnen in einer Glashütte herangezogen worden und zwar als Einträgerinnen vor den Öfen und in der Naßschleiferei, da geeignete andere Arbeiter nicht zur Verfügung waren; die Beschäftigung wurde von der Beibringung eines ärztlichen Zeugnisses abhängig gemacht.

Über das Verhalten der Jugendlichen wurde vielfach geklagt, insbesondere über Unbotmäßigkeit der Burschen und eine Verrohung der Sitten, die bei dem Fehlen der väterlichen Zucht erklärlich ist, sowie über Genußsucht und Neigung zur Verschwendung. An diesen Verhältnissen haben nach den Beobachtungen des Berichterstatters auch der Sparzwangerlaß des Oberkommandos und das Rauchverbot im allgemeinen wenig zu bessern vermocht, wenn auch die segensreiche Wirkung des Sparzwanges für viele Arbeiterfamilien nicht unterschätzt werden darf. Ein gewisses Gegengewicht gegen die zunehmende Verwahrlosung der Jugend bot der Zwang zum Besuche des Fortbildungsschulunterrichts, auf dessen möglichste Erhaltung daher auch die Gewerbeaufsichtsbeamten hingearbeitet haben. Große Unzufriedenheit haben die hohen Verdienste vieler Arbeitsburschen bei den Lehrlingen erregt, die in vielen Fällen zur Auflösung des Lehrverhältnisses Anlaß gegeben hat, sofern nicht eine höhere Entschädigung gewährt wurde als im Lehrvertrag ausbedungen war. Mehrfach sind auch die Lehrlinge ein halbes Jahr vor Beendigung der vereinbarten Lehrzeit zur Gesellenprüfung zugelassen und als voll entlohnte Gesellen weiterbeschäftigt worden.

Nachteilige Folgen für den Gesundheitszustand der jugendlichen Arbeiter, die auf ihre vermehrte Heranziehung zur Kriegsarbeit zurückzuführen wären, hat der Berichterstatter nicht beobachtet.

Die gewerbliche Ausbildung des Nachwuchses hat gelitten. Infolge des Arbeitermangels wurden die Lehrlinge vielfach ihrer fachlichen Ausbildung entzogen und zu einseitiger Beschäftigung mit mechanischen Arbeiten verwendet, auch hat der Roh- und Betriebsstoffmangel ihre Ausbildung oft erschwert. Diese ungenügende Ausbildung hat zuweilen zur vorzeitigen Auflösung des Lehrverhältnisses durch den Lehrling oder seinen gesetzlichen Vertreter geführt. Nicht selten wurde allerdings dieser Vorwand auch nur angeführt, wenn dem Lehrling anderwärts ein höherer Lohn winkte. Die dem Lehrherrn im Falle des unbefugten Verlassens der Lehre zur Verfügung stehenden Mittel, um die Zurückführung zu bewirken, sind nicht immer ausreichend gewesen. Zahlreich waren auch die Fälle, in denen durch die Einziehung des Meisters die ordnungsmäßige Ausbildung des Lehrlings gestört worden ist, oder durch die Einziehung vieler Gesellen die Zahl der Lehrlinge so groß war, daß eine gründliche Anleitung nicht mehr stattfinden konnte. In dieser Beziehung lag die Ausbildung der Lehrlinge in den handwerksmäßigen Betrieben wohl noch mehr im argen als in den Fabriken. Anzuerkennen ist, daß zahlreiche Betriebe für die Ausbildung von Lehrlingen gesorgt und besondere Lehrlingswerkstätten errichtet oder die vorhandenen ausgebaut haben. Einige Großbetriebe richteten auch für ihre jungen Leute eigene Fortbildungsschulen ein, die größtenteils staatlich anerkannt wurden. Geeignete Beamte und Ingenieure der Betriebe wirken nebenamtlich als Lehrer an diesen Schulen. Ein großes Werk suchte die Leistungen seiner Lehrlinge durch die Gründung eines Stipendiums zu fördern, das alljährlich den beiden tüchtigsten Lehrlingen verliehen wird und ihnen die weitere Ausbildung auf einem Technikum ermöglichen soll.

In Oberschlesien zeigte sich eine starke Zunahme der Jugendlichen außer in der Munitionsindustrie auch bei der Draht- und Hanfseilfabrikation. Ihre Tätigkeit beschränkte sich im allgemeinen auf leichte Hilfsarbeiten; in der Eisenindustrie wurden die Jugendlichen beim Fertigmachen von Hufeisen und ähnlichen Arbeiten verwendet.

Ausnahmen von den gesetzlichen Schutzvorschriften mußten in zahlreichen Fällen zugelassen werden, da sich die Heranziehung der jungen Leute zur Über- und namentlich Nachtarbeit nicht umgehen ließ.

Zu sonst verbotenen Beschäftigungsarten wurden Jugendliche in einigen Zinkhütten als Ofengehilfen herangezogen.

Die zunehmenden Einziehungen der erwachsenen Männer erhöhten nicht nur die Arbeitsgelegenheit, sondern damit zugleich auch die Entlohnung der jugendlichen Arbeiter ganz wesentlich. Die jungen Leute kamen dadurch in den Besitz von erheblichen Geldmitteln, für deren richtige Verwendung sie noch nicht die nötige Einsicht besaßen. Die hohen Löhne verführten zu seichten Lebensgenüssen und brachten auch eine Überschätzung der eigenen Leistungen, Unbotmäßigkeit gegen die Vorgesetzten, sowie häufigen Wechsel der Arbeitsstätten mit sich.

Als weitere Folgen der vermehrten Beschäftigung von Jugendlichen machte sich ein Nachlaß des Angebots an Lehrlingen im Handwerk bemerkbar, da viele Eltern es vorzogen, ihre Söhne nicht ein Handwerk lernen, sondern sie als ungelernte Arbeiter bei hohem Lohne beschäftigen zu lassen. Auch die Auflösung bestehender Lehrverträge kam vor, sowie unbefugtes Verlassen der Lehre, dem weder durch Entschädigungsansprüche noch durch polizeiliche Zurückführung mit Erfolg begegnet werden konnte.

Im Breslauer Bezirk traten die Jugendlichen zahlenmäßig nicht wesentlich anders als im Frieden hervor, auch ergaben sich nur in beschränktem Umfange neue Beschäftigungsarten.

Die Bewilligungen von Überarbeit und Nachtarbeit hatten keinen übermäßigen Umfang und wurde von der Erfüllung besonderer Vorschriften zum Schutze der Jugendlichen abhängig gemacht.

Die jugendlichen Arbeiter hatten wohl erkannt, daß sie für die Fortführung der Betriebe wichtig waren und zeigten daher vielfach ein erhöhtes Verantwortungsgefühl, leider aber auch häufig große Unbotmäßigkeit, die den Bruch des Arbeitsverhältnisses aus nichtigem Anlaß herbeiführte. Beim Fehlen der häuslichen Zucht riß mit der Zeit eine Verwilderung ein, die zu vielen schweren Ausschreitungen geführt hat. Die gegenüber dem Friedensverdienst um das doppelte und höher gestiegenen Löhne verleiteten zu zwecklosen und bedenklichen Ausgaben, so daß die Einführung des Sparzwanges erwogen wurde. Hiervon wurde indessen nach reiflicher Prüfung in Übereinstimmung mit der Auffassung des Berichterstatters abgesehen.

Gesundheitsschädigungen der Jugendlichen durch deren verstärkte Beanspruchung sind nicht beobachtet worden.

Die Lehrlingsausbildung ist durch den Krieg auf das Empfindlichste gestört und geschädigt worden, weniger allerdings im Maschinenbau und in großen Schlossereien als im Handwerk. Bedauerlicherweise wurden viele Lehrlinge ohne geregelte Ausbildung als Arbeitsburschen ausgenutzt, z. B. 42 Lehrlinge bei der Massenfabrikation von Kriegsausrüstung von einem Werkmeister angeleitet. Das Handwerk hat schwer gelitten, da viele Meister und Gesellen einberufen wurden, die Beschäftigung einseitig wurde und viele Rohstoffe fehlten.

Bedauerlich war die Schädigung des Fortbildungsschulunterrichts. Weite Kreise des Handwerkerstandes haben sich, wie der Bericht ausführt, noch nicht mit der Fortbildungsschule befreunden können, und von vielen wurde der Krieg benutzt, die Lehrlinge oft monatelang dem Unterricht zu entziehen. Die Schulvorstände haben den Verhältnissen notgedrungen Rechnung getragen, indem sie in der Beurlaubung namentlich älterer Lehrlinge nachgiebig waren und die Zahl der Pflichtstunden verminderten. Zu völligem Stillstand sind aber nicht auffällig viele Schulen gekommen, und die Schuldisziplin ist im wesentlichen gewahrt geblieben.

Überarbeits- und Nachtarbeitsbewilligungen sind mit der Einschränkung zugelassen worden, daß der Besuch der Fortbildungsschule nicht beeinträchtigt werden dürfe.

Hiermit wären die wichtigsten Wahrnehmungen in den größten preußischen Bezirken kurz gekennzeichnet, und damit auch die Betätigung der Jugendlichen in den übrigen Bezirken, da die Verhältnisse im wesentlichen die gleichen waren. Hier wie dort hat man die Jugendlichen erheblich mehr als im Frieden zur gewerblichen Arbeit herangezogen, ohne daß in die Augen fallende Nachteile sich ergaben, wenn auf den in der Entwicklung begriffenen Organismus ausreichend Rücksicht genommen wurde.

Leider ist das nicht immer der Fall gewesen; vielmehr hat man ihnen unter dem Druck der militärischen Forderungen vielfach auch Arbeiten übertragen, für welche der Jugendliche noch nicht die erforderliche Kraft, Übung oder Reife besaß. In solchen Fällen sind unzweifelhaft gesundheitliche Nachteile die Folgen gewesen, die sich — abgesehen von den Unfällen — allerdings nicht zahlenmäßig nachweisen lassen, da mit den Schädigungen durch den gewerblichen Betrieb auch solche durch unzulängliche Ernährung und mangelhaften Schlaf Hand in Hand gingen. Nicht nur infolge Nachtschichten fehlte vielen eine ausreichende Ruhe und Erholung, sondern auch infolge der seelischen Erregung durch den Krieg und der ungesunden Lebensweise, zu der die hohen Löhne verlockten.

Gerade in der Zeit, in der die Jugend eine starke Führung nötig hatte, und wo ihr alles ferngehalten werden mußte, was niederziehend wirken konnte, fehlte ihr vielfach nicht nur die feste Hand des Vaters, sondern auch die Leitung durch den Lehrer und Lehrmeister.

Unter solchen Verhältnissen ist es einleuchtend, daß viele haltlos dem schlechten Beispiel der Genußsucht folgten, das einflußreiche Kreise der Bevölkerung gegeben haben. Wo man einer Erziehung der Jugend Interesse zugewendet und sorgsam schädliche Einflüsse ferngehalten hatte, blieben die Früchte nicht aus: in zahlreichen Fällen haben die Jugendlichen in anerkennenswerter Weise ihre Pflicht getan und vom Lohne für ihre Arbeit ihre Angehörigen in gewissenhafter Weise unterstützt.

An diese Tatsache anknüpfend, wird es Aufgabe der Jugendfürsorge sein, dafür einzutreten, daß mehr als bisher für den Schutz und die Erziehung der Jugendlichen getan wird, um auf diese Weise die Kriegsschäden möglichst bald zu heilen.

III. Schutz der Jugendlichen gegen die Gefahren des Betriebes.

Die Beschäftigung der Jugendlichen hat vielfach Anlaß zu Gefährdungen gegeben, von denen hier solche durch Unfälle und Krankheiten, sowie Einflüsse sittlicher Art kurz gekennzeichnet werden sollen.

Betriebsgefahren (Unfälle, Krankheiten).

Schon vor dem Kriege klagten die Aufsichtsbeamten über ungeeignete Beschäftigung jugendlicher Arbeiter an gefährlichen Maschinen, (Kreissägen u. a.) und forderten nachdrückliche Maßnahmen, um dem unverantwortlichen Treiben einzelner Unternehmer Einhalt zu tun, das Anlaß zu zahlreichen Unfällen Jugendlicher gegeben hatte[1]).

Die Zunahme in der Beschäftigung Jugendlicher, die der Krieg erforderlich machte, brachte eine Steigerung der Unfälle mit sich, da der Jugendliche aus Leichtsinn oder Unkenntnis manche Handlung vornimmt, die ihm nicht übertragen oder vielleicht ausdrücklich verboten ist; auch spielt das noch unzulängliche Verantwortlichkeitsgefühl eine Rolle.

Die Jahresberichte der Aufsichtsbeamten schildern z. T. sehr schwere Unfälle, die durch die Unkenntnis und den Leichtsinn der Jugendlichen entstanden sind. In einem Fall mußte ein Jugendlicher wegen fahrlässiger Körperverletzung verurteilt werden, weil ein Mitarbeiter durch seine Nachlässigkeit tödlich verunglückte. (J. Ber. der Steindruckindustrie für 1917, S. 4).

Erwähnt sei der Bericht der Fleischerei-Berufsgenossenschaft, wonach bereits im Jahre 1914 mehr als sonst jugendliche Personen bei der Bedienung gefährlicher Arbeitsmaschinen angetroffen wurden. Von den 39 Unfällen, die Schadenersatzansprüche im Gefolge hatten, betrafen 25 Fälle jugendliche Personen; 21 dieser Fälle ereigneten sich an Fleischwölfen und je einer an einer Futterschneidemaschine, einer Knochensäge und einer Quetschmaschine. Es erlitten 16 jugendliche Personen schwere Unfälle an gefährlichen Arbeitsmaschinen; hiervon trafen 13 jugendliche im Alter von 13—16 Jahren an Fleischwölfen, zwei 14 Jahre alte Personen erlitten Arm-

[1]) Vgl. die Jahresberichte der Gewerbeaufsichtsbeamten und der Berufsgenossenschaften.

und Beinbrüche an Transmissionswellen, einer verlor die rechte Hand in einem Mühlengetriebe.

Die Zunahme der Unfälle bei den jugendlichen Arbeitern in Österreich zeigen u. a. folgende Zahlen[1]).

Jahr	Zahl aller entschädigten Unfälle	Entschädigte Unfälle Jugendlicher männliche	weibliche
1913	8011	1%	5%
1914	6387	1%	6%
1915	6366	2%	9%

Mit Rücksicht auf diese Verhältnisse wurden die Aufsichtsbeamten angewiesen, auf den Schutz der Jugendlichen gegen Unfallgefahren besonders zu achten[2]). Leider machten die Verhältnisse des Krieges es erforderlich, Jugendliche in größerem Umfange an Betriebseinrichtungen und mit Arbeiten zu beschäftigen, von welchen sie bisher ausgeschlossen waren; jedoch sollten Ausnahmen nur zugelassen werden, wenn die Aufrechterhaltung des Betriebes in dem notwendigen Umfang bei dem Mangel an männlichen Arbeitern ausgeschlossen wäre. Auch müßte für Verwendung unfallsicherer Arbeitskleidung, sicherer Schutzvorkehrungen und für gewissenhafte Unterweisung gesorgt werden. Die Bedienung besonders gefährlicher Maschinen müßte vermieden werden, da bei geeigneter Arbeitsteilung jugendlichen Arbeitern regelmäßig weniger gefährliche Arbeit zugewiesen werden könnte. Leider haben diese Anordnungen nicht verhüten können, daß zahlreiche Unfälle ernster Art die jugendlichen Arbeiter betroffen haben, teils, weil sie den Anforderungen des Betriebes nicht gewachsen waren, teils weil sie sich der Gefahren nicht bewußt waren und die Schutzvorschriften nicht befolgt hatten.

Hinsichtlich der Erkrankungen der Jugendlichen sind auffallende Erscheinungen nach den obigen Berichten (S. 28) der Aufsichtsbeamten nicht zutage getreten. Die gesundheitlichen Nachteile durch die gewerbliche Betätigung dürften wohl auch im allgemeinen von geringerer Bedeutung gewesen sein als die Schwächung des jugendlichen Organismus durch mangelhafte Ernährung und übermäßige körperliche Beanspruchung.

Als eine Errungenschaft des Krieges, die im Interesse der Volksgesundheit sehr zu begrüßen ist, darf die Aufhebung der Nachtarbeit in den Bäckereien angesehen werden (s. S. 18). Wenn von einzelnen Seiten einer Fortdauer des Verbotes in der Friedenszeit widersprochen wurde, so darf dem gegenüber insbesondere auf die amtlichen Ermittlungen der

---

[1]) Bericht der Arbeiter-Unfallversicherungsanstalt f. Niederösterreich für 1916.
[2]) Soziale Praxis 1917, S. 425.

Gewerbeaufsichtsbeamten hingewiesen werden, die die Bedenken hygienischer Art gegen die bisher zugelassene Nachtarbeit eingehend beleuchten[1]).

Trotz der technischen Fortschritte blieb die Arbeitszeit der Jugendlichen vor dem Kriege erheblichen Unregelmäßigkeiten ausgesetzt und lag dauernd in einer für die körperliche und geistige Entwicklung der jungen Leute recht ungünstigen Tageszeit. Die jungen Leute entbehrten nicht nur den geregelten Nachtschlaf, sondern mußten auch unter manchmal recht üblen äußeren Verhältnissen ihren Beruf erfüllen. Die Hitze in den Arbeitsräumen ist groß, die Luft wird durch Verbrennungsgase, durch die Gärungsprodukte, durch die menschlichen Hautausdünstungen, durch Staub usw. verschlechtert, ohne daß eine ausreichende Entlüftung der Arbeitsräume stattfindet; dazu kam, trotz der gesetzlichen Vorschriften, zum Teil noch eine überlange Beanspruchung der jungen Leute, die oft durch die üble wirtschaftliche Lage der Meister, zuweilen aber durch das fehlende Interesse für die Lehrlinge bedingt war.

Die meisten Lehrlinge wurden in den handwerksmäßigen kleineren Bäckereien der Städte beschäftigt. Die hier übliche Nachtarbeit ergab sich aus dem Brauche, das Publikum morgens zum Kaffee mit frischen Brötchen zu versorgen. Die Arbeitszeit begann zwischen 12 und 2 Uhr nachts und dauerte bis gegen 12 Uhr mittags; dann pflegte eine Pause zum Einnehmen des Mittagsessens einzutreten, nach dessen Beendigung die begonnene Arbeit fertiggestellt und die Backstube aufgeräumt wurde. In einigen Betrieben war die ganze Arbeit einschließlich der Säuberung der Backstube bis Mittag beendet, in anderen war das nur selten der Fall. Namentlich gegen Ende der Woche mußte entsprechend dem größeren Bedarf an Backwaren mitunter auch nachmittags einige Stunden gebacken werden. Gegen Abend wurde eine halbe Stunde lang das Hefestück (Vorteig) angesetzt. In die Zeit zwischen 6 und 8 Uhr morgens fiel das Austragen der Brötchen, das als günstige Abwechslung in der Arbeit angesehen werden konnte, wenn die Kaffeepause und die Zeit zum Waschen und Umziehen ausreichend waren.

Die Ruhezeit der Lehrlinge wurde an zwei Tagen der Woche durch den obligatorischen Fortbildungsschulunterricht unterbrochen, der in der Regel in die Zeit von 6—8 Uhr oder 7—9 Uhr abends fiel. Über die bedauerliche Störung der ohnehin nur kurzen Ruhezeit durch den Fortbildungsunterricht und die sich hieraus ergebenden Nachteile wurde viel geklagt. Unter diesen Verhältnissen war die Feststellung erklärlich, daß die Eltern an-

[1]) Jahresberichte der preußischen Regierungs- und Gewerberäte für 1913. Berlin 1914.

scheinend immer seltener ihre der Schule entwachsenen Söhne dem Bäckereigewerbe zuführten, so daß die Meister, soweit nicht eigene Söhne in Betracht kamen, den erforderlichen Nachwuchs vielfach aus Waisenhäusern und durch Stellenvermittler beziehen mußten. Von Interesse ist es, die Entwicklung des Lehrlingswesens in der neuesten Zeit zu verfolgen. Während früher kaum genügend Lehrlinge zu erhalten waren, ist infolge der Abschaffung der Nachtarbeit und in der Hoffnung, in den Bäckereien eine reichlichere Ernährung zu finden, die Zahl der Bäckerlehrlinge stark angewachsen und überschritt in vielen Betrieben das zulässige Maß.

Urlaub für jugendliche Arbeiter und Angestellte von 4 Wochen ist in Deutschösterreich für die Sommermonate durch eine Verordnung des Staatsamts für soziale Verwaltung eingeführt worden. Die Verordnung gilt für krankenversicherungspflichtige Jugendliche beiderlei Geschlechts bis zum vollendeten 16. Lebensjahre, die mindestens 6 Monate in ihrem Arbeitsverhältnis stehen, nach ärztlichem Zeugnis einer Erholung bedürfen und sicher Aufnahme in einer Erholungsstätte finden, oder den Urlaub nachweislich auf dem Lande verbringen können. Das Staatsamt bemüht sich unmittelbar, Erholungsstätten für Lehrlinge und jugendliche Arbeiter bereit zu stellen. Ein Heim, das für 600 Personen Unterkunft bietet, soll in den günstig gelegenen Waldbaracken in Gmünd eröffnet werden, drei weitere Heime ähnlicher Größe später außerhalb Niederösterreichs[1]).

Mitwirkung der Arbeiter bei der Unfall- und Krankheitsverhütung.

Der Schutz der Arbeiter gegen die Gefahren des Betriebes hängt nicht nur von gesetzlichen Vorschriften ab, sondern auch von dem Verständnis der Arbeiter und ihrer Mitwirkung bei der Durchführung der Schutzmaßnahmen. Bedauerlicherweise ist das Interesse für diese Frage in Arbeiterkreisen noch nicht ausreichend entwickelt, so daß in den Berichten der Aufsichtsbeamten die Klagen über selbstverschuldete Unfälle sich immer wiederholen. Hier läßt sich Abhilfe nur durch systematische Belehrung der Arbeiter, insbesondere der Jugendlichen in der Fortbildungsschule erzielen. Mit Recht hebt Gewerberat Müller[2]) hervor, daß das mangelnde Interesse der Arbeiterschaft für Unfallverhütung nur eine Teilerscheinung der vernachlässigten allgemeinen Erziehung sei, die sich insbesondere als Mangel an Selbstverant-

[1]) Ratgeber 1919, S. 88.

[2]) Concordia 1914, S. 307; ferner Heft 2 der „Fortschritte“, S. 66. S. a. Leitfaden für die Mitwirkung der Arbeiter bei der Unfallverhütung. Von Dr. Bender, Berlin. Verlag von A. Seydel. Vgl. a. die wertvollen Ausführungen von Geheimrat Dr. Fischer über den Selbstschutz der Arbeiter. (Zentralbl. f. Gewerbehygiene 1914, S. 267.)

wortlichkeitsgefühl und Willensstärke zeigt. Diese Erscheinung zeige sich keineswegs nur in der Arbeiterschaft anläßlich der Zunahme gewerblicher Unfälle, sondern sei in allen Bevölkerungskreisen verbreitet. Eine der wichtigsten Erziehungsaufgaben sei es daher, das Verantwortlichkeitsgefühl bei der Jugend zu heben. Die Großindustrie werde hierbei durch Gründung von Fabrikfortbildungsschulen die Vorarbeit leisten müssen, da sie bei ihrer einheitlichen Arbeiterjugend viel durchgreifender wirken kann, als wenn die Schüler aus den verschiedensten Berufen stammen. Eine beachtenswerte Neuerung ist nach dieser Richtung in der Fabrikfortbildungsschule der Firma C. Heyl-Worms insofern eingeführt worden, als in der Berufskunde eine Stunde zur Verfügung steht, in der das Interesse für Unfallverhütung geweckt werden soll. Dieser Unterricht erstreckt sich auf die Entstehung der Fabriken, Besprechung charakteristischer Unfälle, deren Nachteile für die Arbeiter und deren Familien, Unfälle infolge Neckereien, Spielereien, Streitigkeiten, Alkohol u. a. Ferner werden Körperpflege und Ernährung behandelt; hieran schließen sich Belehrungen über folgende Fragen: Wohnung; Arbeiterhaushalt; Soziale Gesetzgebung; Nachteile des Rentenempfängers gegenüber dem gesunden Arbeiter; bildliche Darstellungen über Ergebnisse der sozialen Gesetzgebung und ähnliches; Pflichten des Arbeiters gegen die Allgemeinheit; ethischer und wirtschaftlicher Wert von Willensstärke und Selbstverantwortlichkeit (Heilerfolg, Simulation, Übertreibung und deren Nachteile für Körper und Geist des Arbeiters und für die Allgemeinheit); Wert der Körperkultur u. a.

In ähnlichen Vorträgen, die Dr. Bender hielt, stellte er sich die Aufgabe, insbesondere über folgende Punkte Klarheit zu schaffen:

Stellung der Beamten gegenüber Arbeitgebern und Arbeitnehmern, Verpflichtung des Arbeiters zur Benutzung aller im Betriebe vorhandenen Schutzvorkehrungen unter Hinweis auf die große Zahl selbstverschuldeter Unfälle und Krankheiten. Erläuterung der Maßnahmen im Interesse der Unfallverhütung und Gesundheitspflege unter besonderer Berücksichtigung der individuellen Hygiene und der Wahl des Berufes.

Besonderer Wert wurde auf lehrreiche Beispiele aus dem technischen Betrieb gelegt, auch wurden Druckschriften zur Verteilung gebracht (Gesundheitsbuch, herausgegeben vom Reichsgesundheitsamt; Kalle und Schellenberg, Wie erhält man sich gesund? Verlag der Gesellschaft zur Verbreitung von Volksbildung; Normalien der Holzberufsgenossenschaft; Quensel, Belehrungskarten über Alkohol, Mäßigkeitsverlag u. a.).

Auf diese Weise erhielt jeder Teilnehmer am Kursus die Grundlage für eine Bibliothek zur Wiederholung und Vertiefung des Gehörten.

Die ersten Stunden wurden der Unfallverhütung, die folgenden der eigentlichen Gewerbehygiene gewidmet.

An der Hand der Jahresberichte sowohl der technischen wie der staatlichen Aufsichtsbeamten wurde der Begriff des leichtsinnig herbeigeführten Unfalles erläutert und auf die Folgen (Strafen durch die Berufsgenossenschaft) hingewiesen.

Eingehend wurde hervorgehoben, daß der Arbeiter nicht nur im eigenen Interesse, sondern auch im Interesse seiner Familie zur gewissenhaften Befolgung der Schutzvorschriften verpflichtet sei, um so mehr, als die Gefahren des gewerblichen Betriebes sich nur einschränken, aber nicht beseitigen lassen, wenn nicht ein Wettbewerb mit anderen Völkern ausgeschlossen werden soll.

Erläutert wurden diese Ausführungen durch die in den Jahresberichten wiedergegebenen Klagen über die Abneigung der Arbeiter gegenüber Einrichtungen, die in ihrem Interesse geschaffen werden.

Den Vorträgen schlossen sich Besprechungen an, die zeigten, daß der gewünschte Zweck vielfach erreicht war: Förderung des Gefühls für die eigene Verantwortlichkeit („Hilf dir selbst, so wird dir Gott helfen").

Der Unterricht hat ferner Veranlassung gegeben, daß das wichtige Thema wiederholt in Arbeiterkreisen erörtert wurde und die erworbenen Kenntnisse Verbreitung gefunden haben.

Bei dem Kursus des Verfassers in Charlottenburg handelte es sich um Fortbildungsschüler. Hier standen die mustergültigen Sammlungen der „Ausstellung für Arbeiterwohlfahrt" zur Verfügung, die den jungen Leuten mehrfache Anregung gewährten und daher gern besucht wurden. Mit den Lehrern der Fortbildungsschule wurde Fühlung genommen, und zahlreiche Besuche der Ausstellung durch Lehrer und Schüler zeigten, daß für die Bedeutung der Frage ein stets wachsendes Interesse erweckt worden ist. Besonderer Wert wurde darauf gelegt, eine Mitwirkung bei der Krankheitsverhütung anzuregen, namentlich, soweit es sich um Lüftung, Körperreinigung und Bekleidung handelt.

Die spezielle Gesundheitspflege (Wahl des Berufes, ansteckende Krankheiten, Alkoholfrage usw.) wurde von ärztlicher Seite behandelt. Durch die ganze Art der Vorträge wurde dahin gestrebt, das gute Einvernehmen zwischen Arbeitgebern und Arbeitnehmern zu fördern.

Es kann keinem Zweifel unterliegen, daß eine systematische Belehrung der Arbeiter über die Unfallverhütungsvorschriften und deren Bedeutung für ihr Wohlergehen eine der wichtigsten Aufgaben der Zukunft sein muß, wenn man endlich mit einer erheblichen Abnahme der Unfälle rechnen will.

Selbstverständlich muß mit der Belehrung der Arbeiter eine nachdrückliche Einwirkung auf diejenigen Unternehmer Hand in Hand gehen, die ihre Pflichten hinsichtlich des Gefahrenschutzes vernachlässigen.

Neue gesetzliche Bestimmungen (Verordnung v. 23. Dezember 1918 über Tarifverträge u. a. § 13) lassen hoffen, daß künftig eine wirksamere Mitwirkung bei der Unfall- und Krankheitsverhütung stattfinden wird, wie sie zur Erhaltung unserer Volkskraft unbedingt erforderlich ist (vgl. Dr. Bender, Die Einschränkung der Betriebsgefahren durch die Arbeiterausschüsse)[1]).

Sittliche Gefährdung der Jugendlichen.

Die deutsche Zentrale für Jugendfürsorge hatte im Jahre 1915 eine Umfrage an die deutschen Jugendgerichtshöfe über den Einfluß des Krieges auf das sittliche Verhalten der Jugendlichen gerichtet; sie ergab, daß sich nach kurzem Sinken die Kriminalität während der Kriegszeit bedenklich gesteigert hat[2]).

Die Ursachen dafür sind die Abwesenheit des Vaters, die Erwerbstätigkeit der Mutter, der unregelmäßige Schulunterricht, sowie der Abenteurerdrang der Jugend. Erwähnt sei, daß in Charlottenburg nur etwa $^1/_5$ der Jugendlichen, die der Fürsorgestelle gemeldet wurden, in normalen Verhältnissen, d. h. unter elterlichem Einfluß lebten[3]).

Die Vergehen bestanden in Diebstahl, Roheiten, Körperverletzungen und Tragen von Schußwaffen; auch lagen vereinzelt Vergehen gegen das Kriegszustandsgesetz vor.

Um der Verwahrlosung entgegenzuwirken, verboten staatliche und städtische Behörden durch Verordnungen den Alkoholverkauf an Jugendliche, das Rauchen, Verkauf von Schundliteratur, das Herumtreiben auf öffentlichen Plätzen und den Besuch von Lichtspieltheatern.

Eine große Versuchung waren die hohen Löhne, von denen viele Jugendliche ihren Müttern nur ein sehr geringes Kostgeld gaben und den verhältnismäßig großen Rest für ihre Vergnügungen ausgaben.

Um derartige mißbräuchliche Verwendung der hohen Löhne einzuschränken und Ersparnisse für die Friedenszeit zu erzielen, wurde von den militärischen Stellen ein Sparzwang eingeführt und bestimmt, daß jugendlichen Personen beiderlei Geschlechts bis zu ihrem vollendeten achtzehnten Lebensjahre nur ein Teil ihres baren Arbeitsverdienstes für jede Woche ausgezahlt werden sollte, während der Rest einer Sparkasse überwiesen

---

[1]) Zentralbl. f. Gewerbehygiene 1919, S. 122.

[2]) Soziale Praxis 1916, S. 452.

[3]) Bericht des Magistrats für das Jahr 1916.

wurde mit der Bestimmung, daß hierüber nur mit Zustimmung des Gemeindevorstandes verfügt werden dürfte.

Auf diese Weise sollte auf die heranwachsende Jugend in der Zeit, wo die Väter und Vormünder im Felde standen und die Mütter durch schwere Arbeit beansprucht waren, erzieherisch eingewirkt werden.

Soweit Eingriffe in das Familienleben vermieden und auf die wirtschaftlichen Interessen Rücksichten genommen wurden, hat sich der Erlaß bewährt, um Verschwendungssucht, Arbeitsscheu und sittliche Verwahrlosung einzudämmen (vgl. insbesondere oben S. 19).

Auf ähnliche Versuche in der Praxis, den Sparsinn der Jugendlichen anzuregen, sei hingewiesen; insbesondere haben sich derartige Einrichtungen in der Bergischen Stahlindustrie bewährt, vgl. die Flugschrift 8 der Zentralstelle über Fabriksparkassen (Berlin 1914). Frühere gesetzliche Maßnahmen (§ 119a Gew.-O.) haben dagegen keinen Erfolg gehabt, soweit es sich um die Zahlung des Lohnes der Minderjährigen an die Eltern handelte[1]).

Die Gründe, die hier mitsprechen, sind einmal, daß die Abholung des Lohnes vielfach mit großen Unbequemlichkeiten verbunden ist, andererseits die Abwanderung der Jugendlichen zu befürchten ist, sofern ihnen ihr Lohn vorenthalten wird. Zu berücksichtigen ist ferner, daß die frühe Erwerbstätigkeit in den meisten Fällen ein starkes Selbständigkeitsgefühl zur Folge hat, das sich gegen jeden Zwang nachdrücklich wehrt, und dessen Berechtigung fast durchweg von den Eltern anerkannt wird.

Eine andere Gefährdung der Jugendlichen ergab sich infolge der Arbeitslosigkeit in einzelnen Gewerben (Textilindustrie u. a.).

Ein Erlaß des preußischen Handelsministeriums regte daher an, daß für die jugendlichen Arbeiter im Bekleidungsgewerbe der Fortbildungsschulunterricht so gelegt wurde, daß ihnen die Einhaltung der Arbeitsstunden möglich war.

Auch sollten den Jugendlichen eine zweckmäßige Ausnutzung ihrer Freiheit zu Ausbildungszwecken, bei Mädchen namentlich zur Förderung ihrer Haushaltskenntnisse, ermöglicht werden. Vorbildlich waren auf diesem Gebiete Dresden, Leipzig, Hamburg und Mannheim vorgegangen[2]).

[1]) Auf einen Mißerfolg im Cölner Bezirk sei hingewiesen (Jahresber. d. Reg.- u. Gewerberäte für 1918, S. 1035). Auch der Bericht der G. A. Beamten für Baden (1914/18) betont die Unzweckmäßigkeit derartiger Bestimmungen.

[2]) Soziale Praxis 1916, S. 914.

In besonderen Lehrwerkstätten wurde neben der beruflichen Ausbildung eine erziehliche Fürsorge angestrebt, um die Jugendlichen gegen die vielen seelischen Gefahren des Krieges zu schützen[1]).

In Tagesheimen für arbeitslose Mädchen fand neben praktischer hauswirtschaftlicher Tätigkeit eine handwerkliche oder kaufmännische Fortbildung und auch allgemein bildender Unterricht statt.

Die Beteiligung wurde dadurch gefördert, daß die Auszahlung der Arbeitslosenunterstützung teilweise von dem Besuche derartiger Fortbildungskurse abhängig gemacht wurde. Durch feste Verbindung mit dem Arbeitsnachweis wurde dafür gesorgt, daß die Erwerbslosen, sobald sich geeignete Beschäftigung für sie fand, dem Beruf zurückgegeben wurden. Viele Hunderte von Mädchen sind durch die Tagesheime hindurchgegangen und haben dort, wie Dr. Bäumer ausführt, nicht nur eine äußere, sondern auch eine seelische Heimat gefunden. Im Wandel des Arbeitsmarktes während des Krieges sind die Heime zeitweise entbehrlicher geworden, als der weibliche Arbeitsmarkt sich hob; sie mußten aber ihre Arbeit in größerem Umfange neu beginnen, als mit dem Rohstoffmangel in der Textilindustrie neue Arbeitslosigkeit einsetzte. Ihre Durchführung hat nicht nur sorgsame Organisation, sondern eine Fülle von tatkräftiger Liebe zur Jugend, praktischen Sinn und wirkliche Opferfreudigkeit erfordert.

Fabrikpflegerinnen.

Sehr nützlich für die weibliche Jugend haben sich auch die Fabrikpflegerinnen erwiesen, die in vielen Großbetrieben während der Kriegszeit eingeführt wurden. Sie beschränkten ihre Tätigkeit nicht nur auf die Fabrik, sondern waren auch bemüht, auf das Privatleben der Arbeiterinnen Einfluß zu gewinnen, indem sie ihnen mit Rat zur Seite standen. Sie versuchten endlich, die Lebensweise und den Geschmack der Mädchen durch gemeinsame Spaziergänge, Unterhaltungsabende und durch ähnliche Veranstaltungen zu heben. Das Arbeitsgebiet der Pflege war im wesentlichen:

Fürsorge für das leibliche und sittliche Wohlergehen der Arbeiterinnen, d. i. insbesondere Samariterdienst, Beratung über Ernährungs-, Kleidungsfragen, Krankenbesuche, Berücksichtigung von Wünschen bei zu schwerer Arbeit, ferner Beratung in Wohnfragen und in wirtschaftlichen Schwierigkeiten, Anleitung zum Sparen, schließlich Schutz bei Belästigungen und in Streitfällen.

---

[1]) Dr. Bäumer, Kriegsleistungen der Frauen in „Staatsbürgerlichen Belehrungen in der Kriegszeit". Heymanns Verlag, Berlin 1916, S. 264.

Unterricht und Belehrung. (Nähen, Kochen, Wohnungs- und Gartenpflege; Gesundheitspflege; Kinderpflege; Gesang-, Musikunterricht u. a.)

Verwaltung der Wohlfahrtseinrichtungen. (Arbeiterinnenheim, Kinderhort; Speiseanstalt, Badeanstalt; Bibliothek; Unterstützungskasse u. a.) Die Pflegerinnen sind zum Teil auch in die Friedenszeiten übernommen worden, da sich ihre Tätigkeit als nutzbringend für die jugendlichen und weiblichen Arbeiter erwiesen hat (vgl. a. Concordia 1917, S. 217).

Ein Ausbau dieser Einrichtung — unter Beihilfe geeigneter Personen aus den Kreisen der Arbeiterinnen — erscheint dringend geboten.

Jugendheime.

Noch eine Forderung für das Wohl der heranwachsenden Jugend ist hier zu stellen: Die Begründung von Jugendheimen, da die Lehrmeister, selbst in der Provinz, weniger als je bereit sind, Lehrlinge in ihre Hausgemeinschaft aufzunehmen. Es ist daher nötig, die Aufmerksamkeit besonders auf solche Lehrlinge zu lenken, die weder bei den Eltern und sonstigen Angehörigen, noch beim Lehrherrn wohnen können. Zwar haben einige Städte durch vereinzelte Gründung von Lehrlingsheimen vorbeugende Fürsorge für solche Jugendliche geübt, die sonst auf Schlafstellen angewiesen wären; doch sind diese Versuche noch so unzulänglich, daß es eine wichtige Aufgabe der Zukunft ist, alleinstehende Jugendliche in Jugendheimen unterzubringen, die das Elternhaus ersetzen (vgl. Ratgeber 1917, S. 54).

Die wandernden Jugendlichen beanspruchen mit Recht ein besonderes Interesse der Jugendpfleger; sie werden als eine gefährdete Gruppe der Jugendlichen angesehen, die besonderer Fürsorge der zuständigen Stellen, insbesondere der Jugendämter bedürfen.

Da es sich hier um Fragen handelt, die mit der eigentlichen gewerblichen Betätigung nur in losem Verbande stehen, kann hier nur auf einige Veröffentlichungen aus letzter Zeit verwiesen werden[1]).

Zum Schluß dieses Kapitels darf noch eins hervorgehoben werden: Wenn auch die Wirkungen des Krieges auf die Jugend vielfach tief bedauerliche waren, so ist doch Vorsicht bei Abgabe eines abschließenden Urteils geboten. Vor allem darf nicht übersehen werden, daß Erscheinungen der

[1]) Jörns, Jugendliche Wanderer, Concordia 1917, S. 35; Landesrat Hartmann, Die Jugendämter und die wandernden Jugendlichen, Ratgeber 1918, S. 132; ferner Verhandlungen über „Jugendämter und Jugendpflege“, Ratgeber 1918, S. 78; sowie Aufgaben der Jugendpflege in der Übergangswirtschaft, Ratgeber 1918, S. 83.

Verwahrlosung mehr auffallen, wie erfreuliche Handlungen (Unterstützungen der Mutter und Geschwister), die bei zahlreichen Jugendlichen zu verzeichnen waren. Wenn die traurigen Verhältnisse, wie sie jetzt vorliegen, erst überwunden sind, wird es sich vielleicht erweisen, daß die Wirkungen des Krieges nicht ausschließlich ungünstige waren, sondern daß sie auch zum Heranwachsen eines zielbewußten, pflichtgetreuen Geschlechtes beigetragen haben.

Hierfür ist es allerdings geboten, daß mehr als bisher die Jugend in der Zeit, wo sie eine starke Führung nötig hat — nach dem Verlassen der Schule — zu pflichtbewußten Persönlichkeiten erzogen und von niederziehenden Einflüssen ferngehalten wird.

Die deutsche Jugend muß lernen, Freiheit und Gesetz zu vereinen und dem Wohle des Ganzen zuliebe die eigenen Triebe zu beschränken: sie muß von früh auf in persönlichem Erleben den Begriff der Selbstverantwortung voll erfassen[1].

IV. Lehrlingsausbildung.

Die Lehrlingsverhältnisse waren durch die Ereignisse des Krieges ungünstig beeinflußt; nicht nur fehlte es an geeigneten Hilfskräften zur Erziehung des Nachwuchses, sondern die handwerksmäßige Ausbildung litt auch unter den fabrikmäßigen Hilfsarbeiten, die in zahlreichen Kleinbetrieben vorgenommen wurden. Dazu kam, daß die schwierigen Erwerbsverhältnisse viele Eltern dazu zwang, auf sofortigen Erwerb bei ihren Kindern Wert zu legen und sie daher als Hilfsarbeiter zu beschäftigen. Die Folge war daher vielfach ein empfindlicher Mangel an Lehrlingen. Nur in den Metallgewerben fehlte es infolge der günstigen Aussichten auf lohnende Beschäftigung nicht an Nachwuchs (vgl. Abschnitt II, S. 19).

Die Fortbildungsschule mußte unter den vorliegenden Verhältnissen auf den Unterricht der älteren Lehrlinge verzichten, während die jüngeren Kräfte fast durchweg zum Unterricht herangezogen wurden, obgleich manche Unternehmer aus Gründen wirtschaftlicher oder militärischer Art auf ihre gänzliche Freigabe drängten (vgl. Abschnitt II, S. 28).

Um dem Mangel an Lehrlingen abzuhelfen, machte das Landesgewerbeamt[2]) folgende Vorschläge:

---

[1]) Vgl. Dr. Karl Reinhardt, Neugestaltung des deutschen Schulwesens. Verlag von Quelle & Meyer, Leipzig 1919; ferner Heft 1 der Fortschritte: Dr. H. Siemering, Fortschritte der deutschen Jugendpflege von 1913—1916. Verlag von J. Springer 1916.

[2]) Vgl. Wilden, Ratgeber 1917, Heft 6.

1. Angemessenere Entlohnung der Lehrlingsarbeit von dem Zeitpunkte an, wo sie für den Lehrmeister Werte schafft, sowie zeitgemäße Erhöhung des Kostgeldes überall, wo die Lehrlinge nicht im Hause der Lehrmeister untergebracht sind und verpflegt werden. Nur durch solche größeren Aufwendungen und Opfer wird das Handwerk nach dem Kriege in der Lage sein, den Wettbewerb der Industrie (insbesondere bezüglich der in kurzer Zeit angelernten Arbeiter) zu bestehen.

2. Eine größere Werbetätigkeit durch die Schulen, Elternabende, Berufsberatungen und Arbeitsnachweise, durch Verteilung von Flug- und Merkblättern bei den Schulentlassungen über den Wert und die Bedeutung der gelernten Berufe.

3. Kürzere Bemessung der Lehrzeit für die aus den Kriegsjahren stammenden Lehrlinge, die während dieser Zeit in der Kriegsindustrie oder überhaupt im Kriegshilfsdienst tätig gewesen sind (etwa auf 2 Jahre).

4. Pflichtmäßige Beteiligung der Industrie an der Lehrlingsausbildung, um das Handwerk in gewissen Zweigen zu entlasten.

Die Klagen im Schlosser-, Mechaniker-, Maschinenbauerhandwerk, daß sie einen großen Teil ihrer Lehrlinge nur im Interesse der Industrie und der staatlichen Werkstättenlaufbahn ausbilde, würden alsdann aufhören. Der Pflicht der Industrie zur Lehrlingsausbildung müßten allerdings auch gewisse Rechte (insbesondere Vornahme von Prüfungen) gegenüberstehen.

Besondere Beachtung beansprucht nach Wilden der Vorschlag einer besseren Entlohnung; der Lohn für Handwerkslehrlinge müßte demjenigen für Fabriklehrlinge einigermaßen entsprechen, weil sonst die meisten Jugendlichen in die Fabrik wandern würden. Eine teilweise Anrechnung der Arbeitszeit in der Kriegsindustrie sei angängig, sofern Handfertigkeit und Materialienkenntnisse erworben wären.

Auch Burghart[1]) betont, daß zur Abwanderung in die Großbetriebe allein die niedrige Entlohnung im Handwerk beitrage, so daß Unterstützungen nötig seien, um mittellosen begabten jungen Leuten eine Lehre zu ermöglichen. Gegenüber Erziehungsberechtigten, die eine Unterbrechung der Lehre veranlassen, wäre auf Grund der §§ 1631, 1666, 1909 BGB. vorzugehen, wenn sie aus Gleichgültigkeit oder Gewinnsucht den Kindern die Vorteile einer geordneten Berufsausbildung vorenthalten.

Verf. empfiehlt ferner, den ungelernten Jugendlichen den Eintritt in die Fabriken zu erschweren, indem man ihn von einer Genehmigung abhängig macht, deren Erteilung oder Versagung bei Jugendlichen, die aus einer Lehre austreten wollen, den Handwerkskammern bzw. den Vor-

[1]) Soziale Praxis 1918, Sp. 203.

mundschaftsgerichten übertragen werden könnte. Hierdurch würde das Entlaufen der Lehrlinge und das Abwandern der Schulentlassenen in die Fabriken wirksamer verhütet, als durch die Entschädigungsklausel (§ 127f. der Gew.-O.) und die polizeiliche Zurückführung.

Tatsächlich liegt vielfach die Ausbildung und Behandlung der Lehrlinge, um die sich der Erziehungsberechtigte nicht ständig kümmern kann (uneheliche Kinder oder Waisen, deren Vormund auswärts wohnt) sehr im argen. Die Innungen und die Handwerkskammern, denen die Regelung des Lehrlingswesens obliegt (s. §§ 81a, 100c, 103e, g, l der Gew.-O.), müssen eine gründliche Überwachung der Lehrlinge ausüben und in engere Fühlung als bisher zu Lehrmeistern und Lehrlingen treten, um bei Streitigkeiten zwischen Meistern und Lehrlingen zu vermitteln. Auf diese Weise werde es gelingen, den Interessen des Handwerks gerecht zu werden und die Lehrlinge vor Ausbeutung zu schützen.

Über die Erziehung der gewerblichen Jugend liegt eine sehr beachtenswerte Arbeit von Dr. A. von Rieppel (Nürnberg)[1] vor. Er lenkt besonders die Aufmerksamkeit auf die Weiterbildung über die Schulpflicht, also über das 18. Jahr hinaus. Es müßte Vorsorge getroffen werden, daß in allen Gemeinden von etwa 15000—20000 Einwohnern Fortbildungsvorträge auf beruflicher Grundlage, insbesondere nach der Richtung der naturwissenschaftlichen und der staatsbürgerlichen Erziehung, in den Abendstunden abgehalten werden. Wenn auch der Erfolg an manchen Orten vielleicht anfänglich nicht befriedige, so müsse mit Beharrlichkeit das Ziel, den Menschen auf eine höhere Kulturstufe zu bringen, verfolgt werden. Hierzu sei auch die Errichtung von öffentlichen Bibliotheken und Lesehallen erforderlich, da die Liebe zum Lesen geweckt werden müsse.

Von den mitgeteilten Leitsätzen mögen folgende erwähnt werden:

Die mechanische Industrie[2]) ist, besonders mit Rücksicht auf den Wettbewerb mit dem Auslande, in steigendem Maße gezwungen, hochwertige Arbeit zu leisten. Dies bedingt stetige Fortschritte in der Erziehung und Ausbildung des Nachwuchses ihrer Facharbeiter[3]). Aus diesem Grunde

---

[1]) Technik und Wirtschaft 1913, Heft 7.

[2]) Unter „mechanische Industrie" sind der Maschinenbau und die ihm verwandten Gewerbe unter Einschluß der Elektrotechnik, des Schiffbaues, Wagenbaues usw., sowie des Hüttenwesens und der Holzbearbeitungsindustrie verstanden.

[3]) Die Industrie beschäftigt:

a) „Facharbeiter", die handwerksmäßig in längerer Zeit ausgebildet sind;

b) „angelernte Arbeiter", die eine bestimmte, sich dauernd wiederholende Verrichtung (z. B. Bedienung einer Maschine) auszuführen haben, und für die meist eine kurze Unterweisung genügt;

c) „Hilfsarbeiter" ohne jede Ausbildung.

ist es eine der wichtigsten Aufgaben für die Industrie, für gute Ausbildung einer genügenden Zahl von Lehrlingen Sorge zu tragen und sich den ihr zukommenden Einfluß auf die Gestaltung der Lehrlingsausbildung zu sichern.

Eine geordnete Lehrlingsausbildung fördert auch die Erziehung des Arbeiters zum Staatsbürger[1]).

Die Lehrlingsausbildung beschränkt sich in der mechanischen Industrie in der Regel auf einen bestimmten Gewerbezweig, soll aber innerhalb dieses Gewerbezweiges die Einseitigkeit vermeiden.

Der Ausbildung muß ein bestimmter Plan zugrunde gelegt werden. Eine mißbräuchliche Beschäftigung der Lehrlinge mit Hilfsdiensten ist zu vermeiden.

Während des ersten Teiles der Lehrzeit soll der Lehrling, soweit die Betriebsverhältnisse dies gestatten, in einer abgetrennten Lehrlingsabteilung unter besonders geeigneter Anleitung ausgebildet werden.

Die praktische Ausbildung des Nachwuchses wird im allgemeinen den industriellen und handwerksmäßigen Betrieben zu überlassen sein. Technische Fachschulen sollen sich in der Regel nur diejenige Ausbildung zur Aufgabe machen, die der Gewerbebetrieb nicht vermitteln kann.

Nur in besonderen Fällen, wo nach Lage der Verhältnisse eine Gewähr für eine gute praktische Ausbildung durch die Industrie nicht gegeben ist, oder wo es sich als notwendig erweist, die Industrie zu entlasten, können technische Schulen mit praktischem Unterricht (Lehrwerkstätten) einen Ersatz für die Lehrlingsausbildung in gewerblichen Betrieben bieten.

---

[1]) Vgl. auch Technische Abende im Zentralinstitut für Erziehung und Unterricht. Berlin 1917. Ernst Siegfried Mittler & Sohn. Das Zentralinstitut hat sich die Aufgabe gestellt, mitzuhelfen, die Brücke zwischen Technik und Erziehung zu schlagen. Es lud daher anerkannte Fachleute ein, an „Technischen Abenden" Vorträge zu halten, und veröffentlicht diese, um sie weiteren Kreisen zugänglich zu machen.

Von den vorliegenden Heften seien folgende erwähnt, die hier besonderes Interesse haben: Die Psychologie des Arbeiters und seine Stellung im industriellen Arbeitsprozeß. Von Prof. A. Wallichs. — Die Bedeutung der Persönlichkeit für die industrielle Entwicklung. Von Prof. Conrad Matschoß. — Die Notwendigkeit der Maschinenarbeit. Von Geh. Regierungsrat Prof. Kammeren. — Der Einfluß des Werkzeuges auf Leben und Kultur. Von Prof. Dr.-Ing. Schlesinger. — Handarbeit und Massenerzeugnis. Von Geh. Reg.-Rat Dr.-Ing. Muthesius. — Technik und Volkserziehung. Von Th. Bäuerle. Die Hefte können als wertvolle Beiträge zur Frage der Erziehung unserer gewerblichen Jugend bestens empfohlen werden.

Der Verband für handwerksmäßige und fachgewerbliche Ausbildung der Frau,

über dessen nützliche Betätigung bereits im letzten Bericht[1]) Näheres mitgeteilt ist, hat inzwischen u. a. Referate von Dr. Rosa Kempf, Dr. Marie Baum und Hans Liepmann über das Interesse der Industrie an der Ausbildung der weiblichen Arbeiterschaft, Lehrwerkstätten und Schulen für die Textilindustrie, sowie Wäschekonfektion veröffentlicht. Sie enthalten Richtlinien für die weitere Arbeit des Verbandes auf dem Gebiet der Förderung der fachgewerblichen Ausbildung der Fabrikarbeiterinnen. In einem besonderen Flugblatt werden Vorschläge über die fachgewerbliche Ausbildung der Textilarbeiterinnen gemacht. Der Verband weist hier nach, daß für die Ausbildung der Textilarbeiterinnen zur Zeit so gut wie nichts geschieht, trotzdem die Zahl der in der Textilindustrie arbeitenden Frauen fast so groß ist als die der Männer. Die für männliche Textilarbeiter vorhandenen Ausbildungsgelegenheiten werden von den weiblichen Arbeitern fast gar nicht in Anspruch genommen, so daß sie selten imstande sind, hochwertige Arbeit zu leisten. Da wir aber durch eine derartige Ware unsere Stellung auf dem Weltmarkt behaupten müssen, ist die Zulassung der weiblichen Arbeiter zu allen vorhandenen Bildungsgelegenheiten eine dringende Notwendigkeit.

Erwähnt sei, daß auch von Frau Dr. Schumann-Fischer[2]) nachdrücklich die Forderung einer verbesserten Allgemeinbildung für die weiblichen Arbeiter gestellt wird, sowie einer gründlicheren Fachbildung durch längere praktische Anleitung und Übung im Betriebe; nach Bedarf sind Fachkurse und handwerksmäßige Lehren erforderlich, sowie ergänzender Fortbildungsschulunterricht. Von Interesse ist, daß die Siemens-Schuckertwerke auf Grund von früheren Versuchen, die gute Erfolge erwarten ließen, weibliche Lehrlinge zur Ausbildung als Mechaniker und Werkzeugmacher zugelassen haben. Neben den bisherigen Bezügen wurden ihnen für besonderen Fleiß wöchentliche Leistungszulagen gewährt. Mußten sie mit Arbeiten, für die sonst Akkordlohn angesetzt ist, betraut werden, so erhielten sie die Hälfte des normalen Akkordsatzes.

---

[1]) Fortschritte des Kinderschutzes Heft 2, S. 57.

[2]) Vortrag über die Wirkungen des Krieges auf die Qualität der Frauenarbeit in der Metallindustrie.

Den gewerblichen Lehrling

im Vergleich mit dem ungelernten Arbeiter kennzeichnet Dehn[1]) in folgender Weise: Bekanntlich wirken mangelnde berufliche Ausbildung, frühe Selbständigkeit und frühzeitiges Geldverdienen schädlich auf den Ungelernten ein. Bei dem Handwerkslehrling kann man umgekehrt sagen: gerade das Fehlen dieser drei Momente wirkte in einem erfreulich günstigen Sinne auf sein ganzes Leben ein. Er ist mit 14 Jahren noch nicht fertig mit der ganzen Welt und den Menschen, er ist nicht Freiherr, der seine Seele nur mit dem einen Satze speist: ich brauche mir nichts gefallen zu lassen, wie sein im stillen gelegentlich doch etwas beneideter, ungelernter Kollege. Er wird wieder von neuem Schüler und muß, besonders in der ersten Zeit, die Erfahrung durchmachen: ich weiß, daß ich nichts weiß. Das wird ihm auch sehr deutlich gesagt, und er erhält so eine gute, dem Großstadtjungen durchaus dienliche Erziehung zur Bescheidenheit. Aber aus dem Nichts heraus baut sich ihm dann doch wieder eine neue Welt auf, seine Berufswelt. Gewiß ist sie klein, trotzdem kann er von ihr aus die große Welt begreifen. So bekommt er Respekt vor der Welt der Erscheinungen. Mag er sonst nicht viel Ehrfurcht in sich haben, die Leistungen ernster Arbeit werden ihm immer tiefen Eindruck machen. Er hat auch nicht das wüste, blind Um-sich-Schlagende in seinem Wesen, wie es manchmal der Ungelernte zeigt, der viel gedankenloser und sinnloser mit den Dingen umgeht wie er. Es fehlt ihm auch das Ziellose, das jedem Eindruck blind Nachgebende des Ungelernten. Er ist viel charaktervoller, in sich geschlossener. Er hat ja ein bestimmtes Ziel vor Augen, für das er arbeitet und lebt.

Ist der Gelernte dem Ungelernten so in sittlicher Beziehung überlegen, nicht minder ist er's auch auf geistigem Gebiet. Der unbeschäftigte Geist des Ungelernten verliert sich in Dummheiten und Kindereien, der geistig angefaßte Lehrling verlangt nach weiterer Ausbildung. Der Ungelernte will immer nur verdienen. Der Lehrling will lernen, nicht um möglichst hoch bezahlt zu werden, das will er freilich auch, sondern in erster Linie, um etwas sein zu können. Er besucht neben der Pflichtfortbildungsschule noch diesen oder jenen freiwilligen Kursus und dehnt sein Interesse auch über den Kreis der beruflichen Fachfragen aus.

[1]) Großstadtjugend. Beobachtungen und Erfahrungen aus der Welt der großstädtischen Arbeiterjugend. Von Günther Dehn. C. Heymann's Verlag. Berlin 1919. Die Ausführungen des verdienstvollen Verf. werden für jeden Freund der Arbeiterjugend, auch wenn er nicht allen Ausführungen des Verf. beistimmen kann, von großem Nutzen sein. Die vielen wertvollen Beobachtungen über das Innenleben der Arbeiterjugend und die Folgerungen, die Verf. hieraus zieht, verdienen Beachtung in weiteren Kreisen.

Der ungelernte Arbeiter

bezieht zwar sogleich einen häufig nicht unerheblichen Lohn, sieht aber einer unsicheren Zukunft und geringer Aufstiegmöglichkeit entgegen und ist sittlich vielfach gefährdet. Die wirtschaftliche Entwicklung führt nach Kühne[1]) dahin, daß der Bedarf an ungelernter Arbeit größer wird. Nach der Berufszählung von 1907 leisteten mehr als $^2/_5$ der gewerblichen Arbeiter (42%) ungelernte Arbeit, und die Zahl dieser Ungelernten hatte von 1895 an sehr viel rascher zugenommen als die der Gelernten. (Die Zahl der Ungelernten war um 75%, die der gelernten nur um 28% gewachsen.) Während des Krieges hat der Mangel an Facharbeitern noch mehr dazu geführt, daß hochwertige Arbeit zerlegt und mit Hilfe von Maschinen von ungelernten und angelernten Arbeitern und Arbeiterinnen ausgeführt wird. Schon vor dem Kriege betrug die Zahl der Ungelernten an der Pflichtfortbildungsschule der Großstadt in der Regel mindestens ein Drittel der Gesamtzahl. Gegenwärtig geht sie über die Hälfte oft hinaus. Noch ungünstiger liegen die Verhältnisse für die weibliche Jugend. Der übermäßige Andrang der Jugendlichen zur ungelernten Arbeit stellt eine ernste wirtschaftliche Gefahr dar, um so mehr als für aussichtsreiche Berufe (Handwerk, Landwirtschaft) der Nachwuchs fehlt.

Die Abwanderung der Landjugend nach der Stadt war schon vor dem Kriege bedenklich geworden. Immer mehr wurden unsere großen Güter gezwungen, landfremde Wanderarbeiter zur Landbestellung und Ernte heranzuziehen. Inzwischen hat sich die Lage sehr verschlimmert, da durch die Kriegsverluste die waffentüchtige Landbevölkerung besonders schwer betroffen ist. Es ist daher eine Lebensfrage für unser Volk, dafür zu sorgen, daß zunächst die Lücken der Arbeiter auf dem Lande geschlossen werden, die Kräfte für die innere Besiedelung gewonnen, und daß damit die Bebauung des Landes und die Ernährung der ganzen Bevölkerung sichergestellt werden.

Zum Schluß mögen noch folgende zutreffende Ausführungen der Badischen Gewerbeaufsichtsbeamten angeführt werden:

Wir halten eine grundsätzliche Regelung der Lehrlingsfrage unter entscheidender Mitwirkung des Staates für dringend geboten. Sie müßte die sozialpolitische Seite des Problems und seine Bedeutung für die allgemeine Volkswirtschaft mehr als bisher berücksichtigen und etwa folgenden Forderungen gerecht werden: Für den Abschluß von Lehrverträgen sind nur

---

[1]) Flugschriften zur Berufsberatung. Heft 1. Verlag von L. Simion, Berlin 1919.

behördlicherseits vorgeschriebene Vordrucke zu verwenden. Die Lehrverträge sind vor endgültigem Abschluß dem Gewerbeaufsichtsamt zur Prüfung vorzulegen.

Die Lehrzeiten sind für die einzelnen Gewerbearten festzusetzen.

Es sind Mindestlöhne festzusetzen. Die Entschädigungen für Vertragsbruch sind nach oben zu begrenzen. Es sind Normen für die Höchstzahl der in einem Betrieb zulässigen Lehrlinge aufzustellen.

Für eine sachgemäße Ausbildung sind Richtlinien aufzustellen.

Die Gewerbeaufsichtsbeamten müssen bei der Überwachung der Einhaltung der Lehrverträge mitwirken.

Es muß die Möglichkeit bestehen, die Einstellung von Lehrlingen allgemein oder für einzelne Gewerbearten oder einzelne Betriebe auf gewisse Zeit zu sperren.

Die Berufsausbildung der Jugend beiderlei Geschlechts ist eine öffentliche Angelegenheit, die weit über den Rahmen einzelner Interessenten und Interessengruppen hinausgeht. Sie ist die Grundlage für den Wiederaufbau unserer Volkswirtschaft, deren einziges Kapital auf lange Zeit hinaus die Arbeitskraft tüchtiger und arbeitsfreudiger Menschen sein wird. Diese Tatsache verpflichtet auch das Handwerk, das die Lehrlingsfrage bisher vorwiegend im Sinne seiner eigenen Förderung behandeln durfte, zu neuen Anstrengungen für die Allgemeinheit, in denen es aber auch von der Allgemeinheit unterstützt werden muß. Der Staat muß regelnd und helfend eingreifen, damit aus der Lehrlingsausbildung das Beste für die Jugend selbst und das Volksganze herausgeholt wird. Gewerbeförderung und Gewerbeaufsicht werden dabei ein dankbares Feld gemeinsamer Betätigung finden.

V. Berufsberatung und Arbeitsvermittlung.

Die Frage einer Berufsberatung für die schulentlassene Jugend hat in den letzten Jahren mit Recht die Aufmerksamkeit weiter Kreise auf sich gezogen. Man hat erkannt, daß es im Interesse unserer Volkswohlfahrt unbedingt nötig sei, daß unsere Jugendlichen nach dem Verlassen der Schule sogleich in eine Stellung kommen, die ihren Fähigkeiten und Neigungen entspricht und in der sie eine zweckentsprechende berufliche Ausbildung erfahren; ferner, daß es eine wichtige volkswirtschaftliche Aufgabe sei, den einzelnen Gewerben den erforderlichen Nachwuchs in der richtigen Auswahl und Verteilung zuzuführen. Das zu erstrebende Ziel — die Einordnung der Jugendlichen in das Berufsleben je nach ihrer Eignung und die Verschaffung eines Berufes, in dem sie mit innerem Interesse tätig sein können — vermögen weder Schule noch Arbeitsnachweis noch Arbeitgeber allein zu erreichen; vielmehr ist ein gemeinsames Vorgehen im Wege der Arbeitsteilung und des geschlossenen Zusammenwirkens nötig[1]). Die Schule schafft die erforderliche Grundlage durch Werkerziehung und allgemeine Aufklärung der Schüler und sorgt gemeinsam mit den gewerblichen Organen für die Belehrung der Eltern und Schüler (Elternabende). Der Arbeitsnachweis oder sonstige Vermittlungsstellen besorgen das Vermittlungsgeschäft, nachdem der Schularzt sein Urteil über den Gesundheitszustand abgegeben hat. Ergänzend wirken die Organe der Jugendpflege, die die Jugendlichen beim Eintritt ins Erwerbsleben in ihre Obhut nehmen und sich auch für ihr berufliches Vorwärtskommen interessieren. Im Mittelpunkte des Ganzen steht der Berufsberater als treibende und leitende Kraft.

In einzelnen Städten ist die Berufsberatung auf anderer Grundlage ins Leben gerufen worden; in Halle gliedert sie sich an das Statistische Amt an, das seine Tätigkeit in Verbindung mit den Arbeitsnachweisen und den Organen des Gewerbes ausübt; in Düsseldorf ist ein Berufsberatungsamt mit Lehrstellennachweis als Teil der Schulverwaltung ins Leben gerufen worden, das in Verbindung mit der Handwerkskammer und dem Innungsausschuß arbeitet; in Lüdenscheid erfolgt die Berufsberatung durch die Schulverwaltung, in Chemnitz befaßt sich der Verein zur Bekämpfung der Schwindsucht mit der Berufsberatung.

Von Interesse dürfte es sein, zu erfahren, wie sich zurzeit die Berufsberatung in der Praxis abspielt. Wir folgen hierbei dem Jahresbericht (1913/15) der Zentralstelle für Lehrstellen-Vermittlung des Verbandes Märkischer Arbeitsnachweise (Berlin).

Nachdem in der Schule die Wichtigkeit einer richtigen Berufswahl besprochen und hierbei ein gelernter Beruf empfohlen wird, erhalten die Schüler einen Fragebogen zur Ausfüllung, der alsdann der Zentralstelle übergeben wird. Gleichzeitig wird der Besuch der Sprechstunde in der Zentralstelle dringend angeraten, in der über die näheren Verhältnisse, Lehrbedingungen und Aussichten in dem gewählten Berufe sachkundige Auskunft erteilt wird. Die Schule soll bereits bei der Ausfüllung der Bogen den ersten, vorbereitenden Rat für die Berufswahl erteilen. Auf die Frage des Schülers: „Welchen Beruf soll ich angeben?" soll der Lehrer keineswegs gleich einen Beruf nennen, sondern ganz allgemein darlegen, daß sich nicht alles zu den

[1]) Vgl. Dr. Altenrath, Berufsberatung und Berufsvermittlung für die Volksschuljugend (Flugschrift Nr. 11 der Zentralstelle für Volkswohlfahrt), Berlin 1914.

sogenannten Modeberufen drängen dürfe, da jede gründlich erlernte und mit Fleiß und Ausdauer betriebene Arbeit ihren Mann ernährt. Er soll ferner die Schüler darauf aufmerksam machen, daß in gewissen Berufen, wo schwere körperliche Arbeit überwiegt, große Anforderungen an den Körper und seine Gesundheit gestellt werden, und daß schwächliche oder blutarme Kinder für solche Berufe ebensowenig geeignet sind wie für staubentwickelnde oder mit Gasen und Dämpfen verbundene Berufsarbeit. Der Lehrer soll auch darauf hinweisen, daß für gewisse technische Berufe ein bestimmtes Mindestmaß an Schulbildung verlangt wird, daß z. B. ein Maschinenbauer nicht nur die oberste Klasse erreicht haben, sondern auch im Rechnen und Zeichnen gut bewandert sein muß, während ein Kaufmann außer guten Kenntnissen im Rechnen, Schreiben und in Geographie vor allem ein gutes Deutsch sprechen und schreiben soll. Diese Belehrungen sollen aber nicht so weit gehen, daß der Lehrer dem Schüler einen ganz bestimmten Beruf empfiehlt, vielmehr soll die eigentliche Beratung in der Hand eines über alle Berufe unterrichteten Berufsberaters liegen, der in jedem Falle gehört werden soll, auch wenn sich Eltern und Kind bereits für einen Beruf erklärt haben.

Betrachtet man die Ergebnisse der Berufswahl von 1914/15 gegenüber den Zahlen des Vorjahres, so zeigt sich, daß die Zahl der zukünftigen ungelernten Arbeiter wesentlich, fast auf die doppelte Höhe des Vorjahres gestiegen ist. In der Sprechstunde der Zentralstelle wurde, je länger der Krieg dauerte, desto häufiger von den Eltern die Ansicht gehört, daß es unter den gegenwärtigen Verhältnissen besser sei, sofort bezahlte Arbeit anzunehmen, als erst in eine Lehre zu treten, die vielleicht schon nach kurzer Zeit wieder aufgegeben werden müßte. Gegen diese Meinung anzukämpfen hatte nur wenig Erfolg. Selbst der Hinweis auf ungünstige Aussichten für die betreffenden jungen Leute nach dem Kriege hatte nur selten Wirkung. Die bekannte Vorliebe der Knaben für die Berufe der Metallindustrie spricht wieder aus den Zahlen, die gegenüber dem Vorjahre noch beträchtlich gestiegen sind. Eltern und Kinder übersahen, daß in den mit Hochdruck arbeitenden Betrieben wohl tüchtige Arbeiter, aber nicht Lehrlinge gebraucht wurden, für deren Ausbildung die Gelegenheit fehlte. Auffällig ist ferner das Sinken der Zahlen für die Holzbearbeitungsindustrie infolge des ungünstigen Beschäftigungsgrades.

Daß Bäcker und Schlächter höhere Zahlen aufweisen, ist ebenfalls eine mit dem Kriege zusammenhängende Erscheinung; bei den Bäckern wirkte die Aufhebung der Nachtarbeit ermunternd, bei den Schlächtern die gute Beschäftigung bei der Herstellung von Fleischkonserven u. dgl.

Von Interesse sind die Beobachtungen darüber, wie die Berufswahl der Knaben durch den Besuch der Zentralstelle beeinflußt wurde. In zahlreichen Fällen war es zweckentsprechend, anstatt des gewählten Berufes einen verwandten aus derselben Industriegruppe zu ergreifen; so gelang es besonders, viele Bewerber von Schlosserlehrstellen für das Schmiedehandwerk zu gewinnen. Auch viele Bewerber für Maschinenbau ließen sich dazu bewegen, zunächst die Schlosserei bei einem Handwerksmeister zu erlernen. Für das Buchbinderhandwerk konnten aus den verschiedensten Gruppen der Knaben Lehrlinge gewonnen werden, wenn intelligente Knaben eine Wahl getroffen hatten, die mit ihrer körperlichen Entwicklung nicht in Einklang stand. Zu erwähnen ist auch die Beobachtung, daß bei den Maschinenbauern, Mechanikern, Elektrotechnikern mehr als die Hälfte der Vermittelten diesen Beruf von vornherein gewählt hatten.

Über die Lehrstellenvermittlung für Mädchen sei folgendes erwähnt: Die Besucherinnen hatten zum größten Teil ein Alter von 14—15 Jahren, doch meldeten sich auch zahlreiche ältere Mädchen, die bis dahin teils zu Hause geblieben, teils in einem ungelernten Beruf oder in Haushaltsstellen tätig waren, da sie wegen der veränderten wirtschaftlichen Verhältnisse einen neuen Beruf erlernen wollten.

An erster Stelle stand die Gruppe der Mädchen, die in den kaufmännischen Beruf einzutreten wünschten, da der Titel (Stenotypistin oder Buchhalterin), das verhältnismäßig schnell zu erreichende Gehalt und die kürzere durchgehende (englische) Arbeitszeit lockten.

Weniger beliebt war der Verkäuferinnenberuf, hauptsächlich wegen des späten Geschäftsschlusses (besonders Sonnabends) und der Sonntagsarbeit. Dieser Abneigung gegen einen Beruf, der den Mädchen gute Aussichten für die Zukunft bot, suchte die Zentralstelle entgegenzuarbeiten.

Von den Handwerken war die Schneiderei am beliebtesten, dann folgten Putz und in großem Abstande Frisieren, Buchbinden, Kochen. Der Hauptgrund, warum sich verhältnismäßig wenig Mädchen dem Handwerk zuwendeten, lag in der geringen Vergütung, die den Lehrlingen während der dreijährigen Lehrzeit gewährt wurde. Im Putzmacherinnenberuf lagen die Verhältnisse ähnlich; auch hier mußten die Mädchen ein halbes Jahr ohne Vergütung arbeiten; außerdem handelte es sich um eine Saisonarbeit.

Bei den übrigen Handwerken wurde während der Lehrzeit selten Vergütung gewährt. Bei manchen Berufen (Zahntechnik, Photographieren, Kochen) wurde in einigen Fällen sogar Lehrgeld verlangt (300 Mark und mehr). Es konnten deshalb in diesen Berufen nur wenige Mädchen untergebracht werden.

An zweiter Stelle standen die hauswirtschaftlichen Berufe. Leider mangelte es auch hier oft an geeigneten guten Anfangsstellen. Es wäre zu wünschen, daß sich noch mehr Hausfrauen entschließen würden, junge Mädchen auszubilden, wenn auch das Anlernen der aus der Schule kommenden Mädchen besondere Mühe macht. Die Zentralstelle empfahl den jungen Mädchen, die sich dem hauswirtschaftlichen Beruf widmen wollten, und deren Eltern nicht auf sofortigen Verdienst der Kinder angewiesen waren, zunächst den Besuch einer „Haushaltungsschule".

Von den jungen Mädchen, die ungelernte Fabrikarbeit ergreifen wollten, erschienen ebenfalls viele in der Zentralstelle; sie wurden, falls es nicht gelang, sie zur Annahme einer Lehrstelle zu bewegen, dem Zentralarbeitsnachweis überwiesen. Die Mädchen, deren Gesundheitszustand zu Bedenken Anlaß gab, wurden vor Zuweisung einer ärztlichen Untersuchung unterzogen. Dieses Hand-in-Hand-Arbeiten zwischen Berufsberatungsstelle und Arzt hat sich sehr gut bewährt und darf als unentbehrlich bezeichnet werden. Namentlich, wenn es zweifelhaft ist, ob sich die Mädchen für den gewählten Beruf wegen eines körperlichen Fehlers oder allgemeiner Schwäche eignen, ist das ärztliche Gutachten sehr wertvoll. Die gemeldeten Lehrstellen wurden von einer Beamtin geprüft, die die Aufgabe hat, die Lehr- und Arbeitsverhältnisse festzustellen, Wünsche der Arbeitgeber entgegenzunehmen, Lehrherren über die Notwendigkeit des schriftlichen Lehrvertrages, über den Besuch der Pflichtfortbildungsschule u. dergl. aufzuklären.

Auch die Hamburger Zentrale für Berufsberatung[1]) berichtet, daß eine erhebliche Zahl von Jugendlichen in die Kriegsindustrie drängte und für eine handwerksmäßige Lehre nicht zu gewinnen war, obgleich für unsere Friedenswirtschaft nichts notwendiger ist als ein großer Stamm von gründlich ausgebildeten, gelernten Kräften.

In der Volksschulabteilung bezog sich immer noch der größte Teil der Anfragen auf den Kontorberuf, jedoch war es möglich, dem Handwerk in größerem Umfange Kräfte zuzuführen. Besonders schwierig gestaltete sich die Arbeit in der Abteilung „Hausanfangsstellen", da ein großer Teil der gemeldeten Haushaltungen sich nach erfolgter Prüfung für die Besetzung mit schulentlassenen Mädchen als ungeeignet erwies. In der Abteilung „höhere Berufe" macht sich eine starke Neigung für pflegerische und landwirtschaftliche Berufe geltend.

Um möglichst allen Schulentlassenen den Rat der Berufsberatungsstelle zuteil werden zu lassen, wurde wiederum aufs engste mit den Schulen

[1]) Bericht für die Zeit vom 1. Okt. 1916—31. Dezember 1917, s. Concordia 1918, S. 112.

zusammengearbeitet, indem die Fragebogen der Zentrale von den Schülern ausgefüllt wurden; ferner wurden zahlreiche Vorträge in den Schulen gehalten.

Auch die berufspsychologischen Untersuchungen hatten nach wie vor das Interesse der Hamburger Zentrale, und mehrere ihrer Mitglieder und Beamten nahmen an den Sitzungen der von Prof. Dr. Stern geleiteten Arbeitsgemeinschaft zur Psychologie der Berufseignung teil. Bemerkt sei, daß neuerdings verschiedene große Maschinenfabriken durch

psychotechnische Untersuchungen[1])

der jungen Leute vor der Einstellung als Lehrlinge feststellen lassen, ob sie auch für den Beruf geeignet sind. Die Eignungsprüfungen werden zum Teil in den Werkschulen nach besonderen Methoden vorgenommen; zum Teil findet die Prüfung im „Laboratorium für industrielle Psychotechnik" statt, das von der „Forschungsgesellschaft für betriebswissenschaftliche Arbeitsverfahren" der Technischen Hochschule (Charlottenburg) begründet ist.

Die Untersuchungen dürften dazu beitragen, daß jeder an den Platz gelangt, auf dem er nach seinen Fähigkeiten etwas leisten kann.

Lehrgang über Berufsberatung[2]).

Der an der Zentralstelle für Volkswohlfahrt (Berlin) bestehende Ausschuß für Berufsberatung, dessen Aufgabe in der Förderung sämtlicher mit der Berufsberatung zusammenhängender Einrichtungen besteht, veranstaltete im Sommer 1918 einen Lehrgang über Berufsberatung. Der Ausschuß wollte damit dem Bedürfnisse nach besserer Schulung der Beamten und Beamtinnen von Berufsberatungsstellen und Lehrstellenvermittlungen entgegenkommen. Der Lehrgang war nur für solche Personen bestimmt, die bereits als leitende oder selbständig tätige Beamte in der praktischen Berufsberatungsarbeit standen. Lehrer und Lehrerinnen kamen als Teilnehmer nur soweit in Betracht, als es sich um Persönlichkeiten handelte, die in Berufsberatungsstellen tätig waren.

In dem Lehrgange wurden die drei Hauptgebiete, über welche die Berufsberater und -beraterinnen unterrichtet sein müssen, behandelt (Berufseignung, Berufskunde und Technik der Berufsberatung), und zwar in kurzen Vorträgen, an die sich jedesmal eine freie Aussprache anschloß. Daneben fanden praktische Übungen in den Berufsberatungsstellen Groß-

[1]) Vgl. Berufswahl und Berufsberatung. Von Dr. Ulrich, Dr. Piorkowski, Nenke, Wolf u. Bernhardt. Verlag von Trowitzsch & Sohn 1919.

[2]) Concordia 1918, S. 111.

Berlins statt; auch war die Besichtigung von einschlägigen Betrieben und Ausbildungsanstalten vorgesehen.

Über die „Zusammenarbeit der Berufsberatung mit dem Schularzt" machte Dr. Tiele, Chemnitz, sehr beachtenswerte Mitteilungen. Die ganze Berufsberatung ist ein Schlag ins Wasser, wenn nicht auch in körperlicher Hinsicht eine gewissenhafte Auslese erfolgt. Zu diesem Zwecke ist eine ärztliche Beobachtung nötig, und zwar nicht nur eine einmalige Untersuchung, sondern eine Überwachung während der ganzen Schulzeit und Führung eines Überwachungsscheins. Straßburg machte mit dieser Einrichtung den Anfang, Chemnitz und andere Städte folgten. Wie wichtig die Arbeit des Schularztes ist, geht daraus hervor, daß nach der Chemnitzer Statistik 15% der Volksschüler in einen Beruf wollten, für den sie körperlich nicht geeignet waren. Hier hat die Tätigkeit des Schularztes einzusetzen, indem er unter Angabe der Gründe und mit dem nötigen Nachdrucke die Kinder von solchen Berufen abzuhalten sucht, die ihrer körperlichen Veranlagung nicht entsprechen. Es herrscht noch eine unglaubliche Unkenntnis in bezug auf die körperlichen Berufsanforderungen, so daß diese Frage auch auf Elternabenden und ähnlichen Besprechungen besonders betont werden muß. Wertvoll ist die Mitarbeit des Schularztes natürlich nur dann, wenn sein Urteil auch entsprechend berücksichtigt wird, also ein Zusammenhang zwischen ihm, der Schule und der Beratungsstelle besteht.

Bei schwächlichen Kindern ist es sehr wünschenswert, wenn sie zunächst ein bis zwei Jahre aufs Land geschickt und dort als Hilfsarbeiter verwandt werden; in Chemnitz sind damit gute Erfolge für die Kräftigung der Kinder gezeitigt worden. Besonders bedenklich ist es, wenn Mädchen gerade in den Reifejahren unzweckmäßigen Berufen zugeführt werden. Gewiß soll jedes Mädchen etwas lernen, aber wünschenswert ist es nicht nur für ihre hauswirtschaftliche, sondern auch für die gesundheitliche Ertüchtigung, wenn zwischen Schule und Berufsausbildung ein hauswirtschaftliches Jahr eingeschoben werden kann. Auch in der Fortbildungsschule ist eine weitere ärztliche Beobachtung zu fördern, um beizeiten etwa hervortretenden Berufsschädigungen entgegentreten und einen Berufswechsel veranlassen zu können.

In dem neuen Lehrgange[1]) wurde u. a. auch der Zusammenarbeit von Berufsberatung und Gewerbeinspektion gedacht. Dr. Bender führte aus, daß künftig die dienstlichen Erfahrungen der Gewerbeaufsichtsbeamten auch den Berufsberatern zugänglich gemacht werden sollen.

Die gesundheitlichen Gefährdungen in den gewerblichen Betrieben

[1]) Concordia 1919, S. 175, 203.

sind, entsprechend den Fortschritten der Technik, fortgesetzt Änderungen unterworfen. Da der Berufsberater gewöhnlich über gewerbehygienische Sonderkenntnisse nicht verfügt, ist es für ihn von großem Nutzen, durch ständige Fühlung mit den Gewerbeaufsichtsbeamten seine Kenntnisse zu vertiefen und zu erweitern, namentlich hinsichtlich des Zusammenhanges von Betriebsgefahren und körperlichem Zustand (Krankheitsanlage).

Welche Gefahren ein gewerblicher Betrieb bietet, erfährt der Berufsberater nicht durch gelegentliche Besuche in gewerblichen Betrieben, sondern durch Anleitung von sachverständiger Seite und gemeinsame Besichtigung mit erfahrenen Personen, die auf Grund ihrer gewerbehygienischen Kenntnisse und Erfahrungen auf das Eigenartige der Betriebsgefahren aufmerksam machen und erläutern können, welche Schädigungen sich vermeiden lassen und welche nicht. Von großem Werte ist die Mitwirkung des Gewerbeaufsichtsbeamten, da er Aufschluß geben kann, welche gewerblichen Anlagen hinsichtlich des Jugendlichenschutzes besondere Aufmerksamkeit verdienen, d. h. insbesondere Betriebe, die infolge erheblicher Gesundheitsgefahren für Jugendliche *verboten* sind (z. B. Bleifarbenfabriken), ferner solche, die Gefahren mit sich bringen, gegen die sich zwar kräftige Burschen wehren können, aber nicht *schwächliche* Knaben, deren natürliche Schutzapparate nicht völlig in Ordnung sind (z. B. Gießereien).

Schließlich sind noch diejenigen Anlagen zu berücksichtigen, in denen über *mangelhaftes* Interesse für Arbeiterschutz geklagt wird, über schlechte *Behandlung* oder über mangelhafte *Ausbildung*.

Von besonderer Bedeutung ist es, daß *jeder Jugendliche vor Eintritt in einen Beruf ärztlich untersucht wird*, um feststellen zu können, ob er den Betriebsgefahren gewachsen ist. Da die Gewerbeaufsichtsbeamten über die Arbeitsverhältnisse in den gewerblichen Betrieben sowie über die Anforderungen an die Arbeiter und die Gefährdungen im Betriebe unterrichtet sind, sind sie berufen, mit dafür zu sorgen, daß die Jugendlichen ihr Bestes leisten können, ohne an der Gesundheit Schaden zu nehmen. Da eine gemeinsame Arbeit gefördert wird, wenn der Berufsberater über die Grundforderungen des Arbeiterschutzes unterrichtet ist, wären *Ausbildungskurse* für Berufsberater und gemeinsame Besichtigungen von Nutzen. Ganz besonders wichtig ist die Mitwirkung der Gewerbeinspektion, solange die *ärztliche* Beratung noch nicht *wirksam* organisiert ist, insbesondere nicht sämtliche Schüler ärztlich untersucht werden. Der vorgeschlagene Weg gemeinsamer Arbeit der Berufsberatung und Gewerbeinspektion ist aussichtsvoll und hat jetzt besondere Bedeutung, weil alle Kräfte zusammengefaßt werden müssen, damit wir wieder ein gesundes und arbeitsfreudiges Volk werden.

Die neue Organisation der Berufsberatung in Preußen[1]).

Am 18. März 1919 ist ein gemeinschaftlicher Erlaß der Minister für Handel und Gewerbe, des Innern, für Wissenschaft, Kunst und Volksbildung und für Landwirtschaft, Domänen und Forsten ergangen, der für die weitere Ausgestaltung der Berufsberatung in Preußen maßgebend sein wird.

Es sollen künftig von den einzelnen Stadt- oder Landkreisen „Berufsämter" errichtet werden, die alle der Berufsberatung bedürftigen Personen beiderlei Geschlechtes, besonders die Jugendlichen erfassen sollen. Neben ihrer Tätigkeit ist die Berufsberatung anderer Körperschaften und Vereinigungen (Innungen, Handwerkskammern, private Vereine) zwar zulässig, doch sollen grundsätzlich die kommunalen Berufsämter die gesamte Berufsberatung vom Standpunkte des öffentlichen Interesses und der allgemeinen Wohlfahrt ausüben. Zu diesem Zweck soll das Berufsamt einen Beirat haben (Vertreter von Handwerk, Handel, Großgewerbe und Landwirtschaft, Berufsvereinen, Behörden und staatlichen Betrieben, Schulen, Ärzte und Jugendpfleger), in dem auch Handwerks-, Handels- und Landwirtschaftskammern, Gewerkschaften, Handwerkerverbände, Innungen, gewerbliche Vereine und Jugendpflegeausschüsse Sitz und Stimme haben sollen.

Das Berufsamt hat sowohl eine der Gestaltung und den Bedürfnissen des Arbeitsmarktes entsprechende Verteilung der Arbeitskräfte vorzunehmen, als bei der Berufswahl selbst die körperliche und geistige Eignung, Neigungen und Fähigkeiten der Ratsuchenden sowie seine wirtschaftliche Lage zu berücksichtigen. Außerdem soll es Lehrstellenvermittlung, für ungelernte Arbeiter Arbeitsberatung und für Jugendliche, die weiterer schulmäßiger Ausbildung bedürfen, Laufbahnberatung betreiben, und zwar entsprechend den Wünschen der Ratsuchenden in ständiger Fühlung mit der öffentlichen Arbeitsvermittlung.

Diese Verbindung gewährt den Vorteil, daß eine ständige, genaueste Kenntnis der Lage des Arbeitsmarktes der Berufsberatung dienstbar gemacht wird, und gibt die Möglichkeit, zwanglos an die zahlreichen jugendlichen Ungelernten und Gelegenheitsarbeiter heranzukommen, die der Fürsorge vielfach besonders bedürfen.

Auf eine Mitwirkung der Schule soll im Sinne der Anordnung des Kultusministers vom 28. März 1918 unter keinen Umständen verzichtet werden, insbesondere nicht der Fortbildungsschule, deren Mitarbeit,

[1]) Berufsberatung Nr. 1, S. 2; Concordia 1919, S. 83.

besonders bei der Berufsberatung ungelernter Jugendlichen, sich als ganz besonders segensreich erwiesen hat[1]).

Zum Schluß sind noch die folgenden Veröffentlichungen zu dieser Frage zu erwähnen:

Flugschriften zur Berufsberatung. Herausgegeben vom Zentralverein für das Wohl der arbeitenden Klassen in Gemeinschaft mit dem Ausschuß für Berufsberatung der Zentralstelle für Volkswohlfahrt. Heft I. — Über die Notwendigkeit und die Aufgaben der Berufsberatung. Von Geh. Reg.-Rat Dr. Alfred Kühne. Verlag von Leonhard Simion Nchfg. — Der verdienstvolle Verf. kennzeichnet die große Bedeutung der Berufsberatung als Teilaufgabe der Bevölkerungs-, Wirtschafts- und Erziehungspolitik. Er führt an, daß wir im Kriege mehr als 1½ Millionen Männer im kräftigsten Lebensalter verloren haben und 800 000 der am wenigsten Widerstandsfähigen infolge der Hungerblockade zugrunde gegangen sind. Hunderttausende sind verstümmelt, Millionen haben durch die Anstrengungen und Entbehrungen des Krieges an der Gesundheit Schaden gelitten. Die Jugendlichen, die während der nächsten Jahre in den Beruf eintreten, sind weniger widerstandskräftig und leistungsfähig als vor dem Kriege. Der Wiederaufbau unserer Bevölkerung ist daher jetzt eine besonders dringliche und schwierige Aufgabe, für die eine zweckmäßige Berufsgliederung und Berufsverteilung von größter Bedeutung ist. Die rechte Berufsberatung kann mit dazu helfen, daß der vorhandene Nahrungsspielraum ausgenutzt wird und die Jugend die Möglichkeit erlangt, verhältnismäßig früh selbständig zu werden, eine Familie zu gründen und einen gesunden, tüchtigen Nachwuchs zu erziehen.

Verf. begründet die Notwendigkeit, jetzt zu handeln, damit die Berufsberatung allgemein und tatkräftig durchgeführt werde.

Weitere Flugschriften beziehen sich auf die Organisation der Berufsberatung (Landesgewerberat Dr. Schindler), Die Persönlichkeit des Berufsberaters (F. Weigl) und Berufsberatung für ländliche Berufe usw. (Ökon.-Rat Lembke).

Schriften zur Psychologie der Berufseignung und des Wirtschaftslebens. Herausgegeben von Otto Lipmann und William Stern. Heft 1. Wirtschaftspsychologie und psychologische Berufsberatung von Otto Lipmann. Verlag von Johann Ambrosius Barth in Leipzig, 1918. Das Ziel der „Schriften" ist, möglichst alle wissenschaftlichen Arbeiten über Psychologie der Berufseignung und des Wirtschaftslebens an einer Stelle zu sammeln und sie denjenigen, die für die Gesamtheit der Fragen Interesse haben (Berufsberatungsstellen, soziale, wirtschaftliche und pädagogische Organisation u. a.) im Abonnement zugänglich zu machen.

Berufswahl und Berufsberatung. Eine Einführung in die Praxis von Ulrich, Piorkowsky, Nenke, Wolf und Bernhard. Verlag von Trowitzsch & Sohn. Berlin 1919. — Ein für die Praxis bestimmtes, sehr zu empfehlendes Sammelwerk, an dem die für die Berufsberatung berufenen Personen mitgearbeitet haben: Schularzt, Psychologe, Lehrer, Kenner des Lehrlingswesens und Leiter des Arbeitsnachweises. Es ergänzt das nachstehende Werk: Beruf, Berufswahl, Berufsberatung als Erziehungsfragen. Von Prof. Alois Fischer. Verlag von Quelle & Meyer. Leipzig 1918.

Beiträge zur Berufsberatung. Heft I. Literatur zur Berufsberatung. Verlag von Ernst Siegfried Mittler & Sohn. Berlin 1918. Das Zentralinstitut

[1]) Nähere Angaben über die Organisation erfolgten von den Landesgewerberäten Dr. Schindler und Dr. Ziertmann anläßlich des Kursus für Berufsberatung (Concordia 1919, S. 175).

für Erziehung und Unterricht ist beauftragt worden, das zur Berufsberatung von Schülern notwendige Material zu sammeln und den Provinzialschulkollegien und Regierungen zuzustellen. Es hat ferner die Aufgabe erhalten, an Schulen, Lehrer, Lehrerinnen und Jugendpfleger Auskunft in Fragen der Berufsberatung zu erteilen und für diese Kreise nach Bedarf Lehrgänge über Berufsberatung abzuhalten. Für die Auskunfterteilung ist beim Zentralinstitut eine besondere Stelle eingerichtet worden, die sich jedoch nicht mit Einzelberatung befaßt, sondern nur Auskunft über allgemeine Fragen der Berufsberatung gibt. Die „Beiträge zur Berufsberatung" sollen literarisches und statistisches Material, aber auch Erfahrungen aus der Praxis der Berufsberatung enthalten. Das vorliegende Heft bringt einen Nachweis von Literatur zur Berufsberatung, und zwar nur das, was zur Zeit wesentlich und brauchbar erscheint.

Berufsberatung. Carl Heymanns Verlag. Berlin 1919. Die Zeitschrift wird vom Ausschuß für Berufsberatung herausgegeben und erscheint als monatliche Beilage zum „Arbeitsnachweis in Deutschland". Die Schriftleitung liegt in den Händen von Landesgewerberat Schindler und Dr. Hilde Radomski. Die Zeitschrift kann nur zusammen mit dem „Arbeitsnachweis in Deutschland" bezogen werden.

Sie soll die öffentlichen Berufsberatungsstellen über die Anforderungen und Aussichten in den einzelnen Berufen, über Änderungen in der Regelung der Ausbildung durch behördliche Erlasse, durch Eröffnung neuer Fachschulen und Schließung bestehender Anstalten, ferner über Neuerscheinungen auf dem Gebiete der Berufsberatungsliteratur u. a. m. unterrichten.

GPSR Compliance

The European Union's (EU) General Product Safety Regulation (GPSR) is a set of rules that requires consumer products to be safe and our obligations to ensure this.

If you have any concerns about our products, you can contact us on ProductSafety@springernature.com

In case Publisher is established outside the EU, the EU authorized representative is:

Springer Nature Customer Service Center GmbH
Europaplatz 3
69115 Heidelberg, Germany

Batch number: 10844675

Printed by Printforce, the Netherlands